Niveau

CIVILISATION
en dialogues

Odile Grand-Clément

CLE
INTERNATIONAL
www.cle-inter.com

Crédits photographiques
Couv. : Ph.© Philippe Jastrzeb / EDITING
Page 103 : avec l'aimable autorisation de Pierre-Gilles de Lupel

Direction éditoriale : Michèle Grandmangin-Vainseine
Coordination éditoriale : Dominique Colombani
Maquette et mise en pages (intérieur et couverture) : Alinéa
Illustrations : Eugène Collilieux
Cartographie : Nathalie Cottrel-Bierling
Infographie : Claude Mayet
Correction : Jean Pencréac'h
Enregistrements : Studio Bund

© CLE International 2007
ISBN 978-2-09-035214-6

SOMMAIRE

Bilan

AVANT-PROPOS

La *Civilisation en dialogues* s'adresse à un public d'adolescents et d'adultes ayant suivi une cinquantaine d'heures de cours.

Il propose un ensemble de dialogues simples, vivants et naturels qui, à travers des situations de la vie quotidienne, renvoient aux spécificités de la culture française et aux évolutions de la société française actuelle. L'objectif est de sensibiliser les apprenants au mode de vie à la française, aux valeurs et aux références partagées des Français, aux grands principes fondateurs de leur pays. En se confrontant aux différences ou aux similitudes avec sa propre culture, l'apprenant est amené à un travail d'observation et de réflexion sur les deux environnements culturels.

Les **26 leçons** peuvent être utilisées de manière indépendante. Elles se composent chacune :

– d'un **dialogue**, centré sur un thème précis qui éveille la curiosité et suscite des interrogations. Ces dialogues sont enregistrés sur le CD inclus dans le livre.

– d'« **Informations** » qui éclairent les différents points du thème traité en fournissant des données sociologiques ou historiques, des tableaux de statistiques, des résultats de sondages, des illustrations, autant de repères utiles propres à guider l'apprenant dans sa découverte du fonctionnement de la société française et des comportements des Français.

– d'« **activités** » qui incitent l'apprenant à s'impliquer activement dans son apprentissage, stimulent son observation, son analyse et sa réflexion et l'aident à mémoriser les informations et à les réutiliser.

En fin d'ouvrage, **sept bilans** permettent de contrôler les connaissances acquises.

Des **corrigés**, inclus dans le livre, permettent à l'apprenant d'être totalement autonome.

Les échanges

AU CAFÉ

– Salut Christelle !
– Salut Clara !
– Je suis folle de joie : ma sœur a un petit garçon. Il est né hier et il s'appelle Théo.
– C'est joli comme prénom
– Et il va porter le nom de famille de ma sœur… mon nom de famille, Kernouac, un nom bien Breton !
– Et le père, il est d'accord ?
– Oui, bien sûr. Il pense que Théo Kernouac, ça sonne bien. Lui, il déteste son nom de famille.
– Il s'appelle comment ?
– « Boulanger »
– Oui, c'est vrai, ce n'est pas très original… Et ils sont mariés ?
– Non, mais il a reconnu l'enfant et l'a déclaré à la mairie… et je pense que maintenant ils vont se marier.
– Que des bonnes nouvelles !
– Oui, je suis ravie.

AU TÉLÉPHONE

– Allo ?
– Allo, bonjour madame : je voudrais parler à Monsieur Corsini, de la part de Maître de la Vallée.

– Monsieur Corsini est en réunion. Vous voulez laisser un message ?
– Oui, dites-lui de me rappeler. Il a mon numéro.
– Excusez-moi, vous pouvez épeler votre nom ?
– De la Vallée, en 3 mots : de, la, vallée comme une vallée.
– Merci. Je vais lui donner votre message.
– Je vous remercie. Au revoir madame !
– Au revoir Maître, et bonne journée !

une *embouteillage*
un *traffic*

INFORMATIONS

PROVINCE

la province

Le livret de famille contient toutes les informations sur la famille : nom(s), prénom(s), date et heure de naissance des parents et des enfants, mariage et éventuellement divorce.

feodale

Amélie et Axelle sont heureuses de vous annoncer
la naissance de leur petit frère

Jonathan

Le 4 octobre 2005 à Bordeaux

M. et Mme Laplace,
10 rue de la République Bordeaux.

announcement

On envoie des « faire-part » à la famille et aux amis pour annoncer la naissance d'un enfant.

On peut aussi faire paraître
une annonce dans des journaux.

Carnet du Monde

TOULOUSE

OLIVIA

Un petit ange est né
chez Sarah et Alain.
Les familles Labbé
et Ducoin sont
folles de joie.

Clémentine et Benoît de La Trémière
ont la joie de vous annoncer
la naissance de

Charles

à Lyon, le 5 septembre 2005

► **La passion de la généalogie**

Rechercher ses ancêtres, faire son arbre généalogique, est une grande aventure. De plus en plus de Français aiment remonter le temps pour trouver leurs origines : il existe maintenant 300 associations (environ 55 000 adhérents) de généalogie. Avec Internet et les possibilités d'échanges d'informations en ligne, cette nouvelle passion se développe : le mot « généalogie » est l'un des cinquante mots les plus demandés sur les moteurs de recherche.

Par cette recherche on découvre non seulement l'histoire de sa famille, mais aussi l'Histoire avec un grand « H ».

► **Frère Jacques*, où es-tu?**

Mais où sont les Pierre, Jacques et Jean, les Françoise, Monique et Sophie?

Nouvelle génération, nouveaux prénoms: les prénoms les plus portés en 2005 étaient Léa, Manon, Emma, Clara et Inès pour les filles; Lucas, Théo, Mattéo, Enzo et Mathis pour les garçons.

* Chanson pour enfants

► **Noms de famille**

Avec un million de noms de famille différents, la France détient le record mondial de la diversité. Les noms de famille sont d'origines très variées à cause des colonisations, invasions ou immigrations que le pays a connues: noms d'origine gauloise, latine, grecque, germanique, hébraïque mais aussi arabe, portugaise, italienne, arménienne etc. À part les noms d'origine étrangère, une grande partie des noms de famille français indiquent le lieu d'habitation (Laforêt, Dupré, Dupont...), la profession (Avocat, Chevalier, Couturier...) ou une particularité – un défaut ou une qualité du premier porteur du nom (Lesage, Roux, Gentil...) – ou simplement son prénom (François, Simon, Vincent.). Certaines régions de France possèdent des noms de famille spécifiques, issus de la langue régionale.

Les noms précédés de la particule «de» ou «du» (de Gaulle par exemple) indiquent normalement un nom de famille noble.

Les noms les plus portés en France aujourd'hui sont Martin, Bernard et Dubois.

► **Savoir-vivre**
Salutations

«Salut!» est beaucoup plus familier que «Bonjour!».

On dit «Bonjour docteur!» à un docteur ou un dentiste.

On dit «Bonjour Maître!» à un avocat ou un notaire.

Le «bonjour» s'accompagne souvent d'un serrement de main...

... ou, si on est amis, on s'embrasse sur les deux joues. En général on se fait deux «bises», mais dans certaines régions, c'est trois... ou quatre!

► **«Vous» ou «tu»?**

On vouvoie (on dit «vous») à une personne qu'on ne connaît pas. Selon les relations qu'on a avec cette personne – distantes, cordiales ou amicales – on peut plus tard la tutoyer (dire «tu») ou continuer à la vouvoyer. On vouvoie les commerçants et les docteurs, même si on les connaît depuis longtemps, excepté si on est amis avec eux. Les enfants et adolescents vouvoient les adultes, sauf si ce sont des membres de leur famille. Les jeunes entre eux se tutoient immédiatement. Au travail la pratique du tutoiement et du vouvoiement entre collègues est très variable selon les entreprises: observez et écoutez les autres parler avant de décider de l'attitude à avoir.

► **La déclaration de naissance**

On doit déclarer la naissance d'un enfant à la mairie. Tous les prénoms sont acceptés à l'exception des prénoms ridicules ou odieux. Depuis le 1er janvier 2005, l'enfant peut porter le nom de son père, ou le nom de sa mère, ou les deux, dans l'ordre choisi par la personne qui fait la déclaration. Un double tiret (--) relie le nom du père et de la mère. Exemple: Anne Poncet--Royer. «Poncet» peut être le nom du père ou de la mère. Les frères et sœurs portent obligatoirement le même nom que l'aîné(e) de la famille.

ÉCOUTEZ ET RÉPONDEZ

1er dialogue
a. Pourquoi Clara est-elle heureuse?
b. Quel est le prénom de l'enfant? et son nom de famille?
c. Qu'est-ce que le père a fait après la naissance de son enfant?
d. De quelle région de France Clara est-elle originaire?
e. La situation décrite ici est-elle possible dans votre pays? Pourquoi?

2e dialogue
a. Résumez en quelques mots la situation.
b. Pourquoi est-ce que la personne qui téléphone dit «vous» à la secrétaire?
c. À votre avis, pourquoi est-ce qu'elle utilise le mot «maître» et non «madame»?
d. Qu'est-ce qu'il y a de spécial dans le nom de la personne qui téléphone?
e. La différence entre le «tu» et le «vous» existe-t-elle dans votre langue? Expliquez.

FAITES LE POINT

1 Observez

a. Classez les noms français cités ci-dessous par catégories selon leur origine (prénom, lieu d'habitation, profession, caractéristique morale ou physique): Claude, Legros, Dupont, Petit, Fernand, Château, Beau, Legrand, Marin, Bourgogne, Boucher

b. Décrivez le dessin sur le faire-part. Pourquoi, à votre avis, est-ce qu'on a choisi cette illustration?

c. Comparez les deux annonces.

2 Cochez les bonnes réponses (plusieurs réponses possibles)

a. On peut dire «maître» à ☐ un médecin? ☐ un avocat? ☐ un professeur? ☐ un notaire?

b. Les Français se font ☐ une bise? ☐ deux bises? ☐ trois bises? ☐ quatre bises?

c. En France un enfant peut porter le nom:
☐ de sa mère? ☐ de son père? ☐ de ses deux parents?

d. Un adulte parle à un enfant, il lui dit: ☐ «vous»? ☐ «tu»?

3 Répondez

a. Pourquoi est-ce que les Français font des recherches généalogiques?

b. Où déclare-t-on la naissance d'un enfant en France? dans votre pays?

c. Comment annonce-t-on la naissance d'un enfant en France? dans votre pays?

d. Qu'est-ce que le «livret de famille»? Existe-t-il un document comparable dans votre pays?

e. Mademoiselle Laplace épouse monsieur Arhab: quels noms de famille peuvent porter leurs enfants?

f. Qu'est-ce qu'un nom à particule?

4 Donnez votre avis

a. Parmi les prénoms les plus portés en France, lesquels préférez-vous? Connaissez-vous d'autres prénoms français? Lesquels?

b. Que pensez-vous de la passion de Français pour la généalogie? Et vous, avez-vous fait des recherches sur votre famille? Savez-vous d'où viennent vos grands-parents, vos arrière-grands-parents?

c. À votre avis, la nouvelle loi sur le nom de famille en France est:
☐ bonne? ☐ ridicule? ☐ compliquée?

DES AMIS DANS UN SALON

Nathan – Eh, Karim, regarde cette photo…

Karim – Qui c'est ?

Nathan – Tu ne reconnais pas ?

Karim – Non.

Nathan – Regarde ! là, c'est toi avec Caroline et là, moi avec Djamel.

Karim – Ah ouais, je me rappelle !… 1998… la Coupe du monde de football ! Djamel a peint sur son visage le drapeau français, bleu-blanc-rouge.

Laura – Et il n'est pas le seul !

Nathan – Ouais… tous comme des fous dans les rues à chanter « On est les champions ! »

Karim – … et *La Marseillaise* aussi…

Ensemble – « Allons enfants de la patrie, le jour de gloire est arrivé… »

Nathan – C'est vraiment un jour de gloire… tous les gens chantent ensemble…

Karim – Ouais… les blacks, blancs, beurs[1] tous comme des frères.

Nathan – Ça, c'est la France que j'aime : liberté, égalité, fraternité ! pas vrai Laura ?

Paul – Ouais, mais hélas, c'est pas comme ça tous les jours… Quand ma voisine dit que tous les immigrés doivent rentrer dans leurs pays, je trouve ça triste.

Nathan – Pour certains, accepter les différences, ce n'est pas très facile.

Karim – Et pour les enfants d'immigrés, tu crois que c'est facile ?… Moi par exemple, je me sens complètement français, je suis né en France, mais je sais que quand je vais en Algérie je me sens aussi chez moi. Alors quelquefois je ne sais plus qui je suis.

Nathan – Tu sais ce qu'on dit ? Nous sommes tous des enfants d'immigrés, première, deuxième, troisième génération !

---

1. Expression familière pour décrire le mélange de population qu'on trouve surtout dans les banlieues des grandes villes. « beur » signifie « arabe » en disant le mot à l'envers et en supprimant le « a » : a-ra-be → be- r → beur.

INFORMATIONS

► **La devise « Liberté, égalité, fraternité »**

Elle est écrite dans la Constitution de 1958 qui déclare que : « La France est une république indivisible, laïque, démocratique et sociale. Elle assure l'égalité devant la loi de tous les citoyens sans distinction d'origine, de race ou de religion. »

► **Le drapeau français**

Il est tricolore, bleu, blanc et rouge : le blanc est la couleur de la royauté, le bleu et le rouge sont les couleurs de la ville de Paris. Emblème de la République, il est né sous la Révolution française.

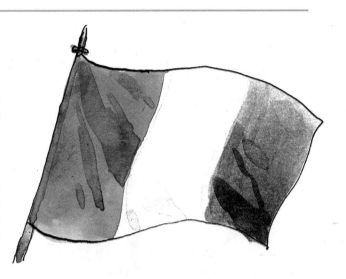

► *La Marseillaise*

L'hymne national français a été composé à Strasbourg par un officier de l'armée républicaine, Joseph Rouget de Lisle. Le roi de France était en guerre contre l'Autriche. Ce chant militaire a eu beaucoup de succès et un peu plus tard les troupes marseillaises l'ont choisi comme chant de marche – d'où son nom *La Marseillaise*. En 1795 il est devenu l'hymne national. Depuis 2005, il est obligatoire d'enseigner *La Marseillaise* à l'école aux enfants de l'école primaire au cours d'éducation civique. Certains parents pensent que les paroles, qui parlent de guerre, sont trop violentes et qu'il est plus important de travailler à la paix et à la construction européenne.

Allons enfants de la patrie,
Le jour de gloire est arrivé !
Contre nous de la tyrannie
L'étendard sanglant est levé !
L'étendard sanglant est levé !
Entendez-vous dans nos campagnes
Mugir ces féroces soldats ?
Ils viennent jusque dans nos bras
Égorger nos fils et nos compagnes !

Au armes citoyens !
Formez vos bataillons !
Marchons, marchons,
Qu'un sang impur
Abreuve nos sillons.

► Un symbole

Le territoire français à l'origine s'appelait la Gaule et ses habitants les Gaulois. Comme le mot gallus en latin signifie « Gaulois » et « coq », cet animal est devenu le symbole de la France, particulièrement dans les compétitions sportives.

► Loi du sang ou loi du sol ?

Quand son père ou sa mère est français(e), un enfant a la nationalité française : c'est la « loi du sang ». Si ses parents sont étrangers et qu'il est né en France, est-ce qu'un enfant est français (« loi du sol ») ? Oui, si avant l'âge de 18 ans (l'âge de la majorité*) il a habité pendant au moins cinq ans en France et s'il fait une demande pour obtenir la nationalité.

* L'âge de la majorité est l'âge où l'on peut voter, conduire une voiture, se marier sans autorisation des parents et où l'on est responsable de ses actes devant la loi.

► La population française

En 2006 elle était de 63,4 millions de personnes. La France est le pays le plus peuplé d'Europe.

► La mystérieuse Marianne

Avec son bonnet révolutionnaire (le bonnet « phrygien »), elle personnifie la France depuis 1792 et son buste est dans toutes les mairies de France. Elle est représentée aussi sur les pièces de monnaie et les timbres-poste et a sa statue de bronze sur la place de la Nation à Paris. Depuis le début des années 1970, des personnalités françaises lui ont donné leur visage : Brigitte Bardot, Catherine Deneuve (actrices), Inès de la Fressange (styliste) et Laetitia Casta (mannequin).

La carte d'identité n'est pas obligatoire mais la plupart des Français en ont une.

ÉCOUTEZ ET RÉPONDEZ

a. Que font les trois amis ?

b. De quel événement est-ce qu'ils parlent ? Que s'est-il passé ?

c. Pourquoi est-ce qu'ils pensent que cet événement est important ?

d. Quelles sont les couleurs du drapeau français ?

e. Qu'est-ce que *La Marseillaise* ?

f. Quelles sont les origines de Karim ?

g. À quoi fait penser l'expression « black, blanc, beur » ?

h. Que dit la voisine de Paul ?

FAITES LE POINT

1 Observez

a. Regardez le buste de Marianne : que porte-t-elle sur la tête ?

b. Essayez de traduire cet extrait de *La Marseillaise*. Que pensez-vous des paroles ?

c. Quel animal représente la France ? Pourquoi ?

2 Vrai ou faux ?

	V	F
a. La population française était de 63,4 millions d'habitants en janvier 2006.	☐	☐
b. On est automatiquement français pour toute la vie quand on est né sur le territoire français.	☐	☐
d. La devise de la France est liberté, égalité, solidarité.	☐	☐
e. Le rouge du drapeau français symbolise la révolution.	☐	☐
f. On apprend l'hymne national à l'école.	☐	☐
g. Tous les Français ont une carte d'identité.	☐	☐

motto

3 Répondez

a. Est-ce que la France est le pays le plus peuplé de la communauté européenne ?

b. Quelle est la devise de la France ?

c. Comment s'appelle la femme qui personnifie la France ?

d. Pourquoi est-ce que l'hymne national français s'appelle *La Marseillaise* ?

e. Quel est l'âge de la majorité en France ? et dans votre pays ?

f. Que doit faire un enfant né en France de parents étrangers pour garder sa nationalité française ?

4 Donnez votre avis

a. Est-ce qu'il est important d'enseigner à l'école l'hymne national et les emblèmes de son pays à l'école ? Est-ce que vous connaissez les vôtres ?

b. Pour vous quel est l'âge idéal de la majorité :
☐ 17ans ?
☐ 18 ans ?
☐ 19 ans ?
☐ 20 ans ?

c. Quelles sont les difficultés qu'on peut avoir quand on émigre dans un pays ?

DANS UN GRAND MAGASIN

Valeria – Tiens ! Salut Clotilde ! Qu'est-ce que tu fais là ?

Clotilde – Eh bien, tu vois, comme toi, je fais les courses… je cherche un cadeau pour la fête des Mères.

Valeria – La fête des mères ?… ah ! c'est maintenant ? au printemps ? C'est drôle, chez moi, en Argentine, c'est aussi au printemps, mais c'est le 16 octobre et c'est très important. C'est la fête de toutes les mères… alors tout le monde offre un cadeau à toutes les femmes qui sont mères : une fleur par exemple ou un petit truc.

Clotilde – Ah oui ? C'est sympa ! En France on offre des cadeaux seulement à sa mère, pas aux autres mères… On a aussi une fête pour les pères et maintenant aussi pour les grands-mères….

Valeria – Et nous, on a aussi la fête des enfants, la fête des amis… on adore les fêtes ! Tu sais, quand je parle de ça, <u>ma famille me manque.</u>

Clotilde – Mais tu vas bientôt aller en Argentine ?

Valeria – Pas avant la fin de l'année universitaire.

Clotilde – Moi aussi je suis loin de ma famille : mon frère habite à Hong Kong maintenant et ma demi-sœur[1] est en Suisse… La dernière fois que je les ai vus, c'était pour l'anniversaire de mariage de mes parents il y a un an. Alors tu vois… Bon, il faut que je te quitte. Je n'ai toujours pas trouvé mon cadeau.

Valeria – Bonne chance !

Clotilde – Ciao !

---

1. Fille d'un autre mariage du père ou de la mère.

INFORMATIONS

Qui dit la vérité ? 67 % des femmes disent s'occuper seules de l'entretien de la maison alors que seulement 40 % des hommes reconnaissent que leur femme fait tous les travaux ménagers.

► Mariage ou PACS ?

Depuis novembre 1999, le « Pacte Civil de Solidarité » (PACS), permet à deux personnes habitant ensemble de s'unir devant la loi. Ces personnes peuvent être du même sexe ou un couple hétérosexuel qui préfère cette nouvelle union au mariage traditionnel. Le PACS est plus facile à casser qu'un mariage et chacun garde son nom. Il offre, entre autres, l'avantage de pouvoir faire une déclaration d'impôts commune, et donc de payer moins d'impôts.

Depuis les années 1970, le nombre de mariages en France a continuellement diminué. On se marie moins, et surtout beaucoup plus tard : en moyenne à 28,3 ans pour une femme et 30,4 ans pour un homme, et souvent quand on a déjà un enfant : la moitié des naissances se produisent hors mariage. Si on ne se marie pas et qu'on vit simplement en couple, c'est une « union libre ».

► Et les enfants ?

La France a toujours eu une politique « nataliste » c'est-à-dire qu'elle a encouragé les femmes à avoir des enfants, et une politique « familiale » pour aider les familles. Le congé de maternité permet à une femme de s'arrêter de travailler en gardant son salaire. Il est de 10 semaines avant la naissance et dix semaines après. Le père a aussi un « congé parental » de 15 jours.

leave

Les « crèches », établissements publics, accueillent les enfants de moins de 3 ans dont les parents travaillent. Mais l'État peut aussi aider financièrement les familles qui choisissent d'autres modes de garde (aides maternelles ou gardiennes d'enfants à domicile).

Une famille avec 3 enfants ou plus est « une famille nombreuse » et bénéficie de certains avantages : par exemple elle reçoit des « allocations familiales », somme versée chaque mois qui varie en fonction des revenus de la famille : Elle a aussi des réductions dans les transports, au cinéma, dans les musées.

paid

La famille type française se compose de deux enfants, mais pas toujours de deux parents : il y a de plus en plus de divorces, de familles « monoparentales » (enfant(s) avec un seul parent), et de familles « recomposées » (enfant(s) né(s) de plusieurs mariages).

La famille reste une valeur très importante pour les Français : 83 % d'entre eux disent que c'est elle «qui permet de dire le mieux qui ils sont»*. Les jeunes ont souvent de la difficulté à quitter le confort matériel et affectif de la famille : entre 20 ans et 24 ans, 68 % des hommes et 50 % des femmes vivent encore chez leurs parents.

* INSEE, décembre 2003

► L'âge de raison

C'est à sept ans que l'on dit aux petits Français qu'ils ont atteint «l'âge de raison». Pourquoi sept ans ? peut-être à cause de la magie du chiffre ou parce que c'est l'âge où on perd ses «dents de lait»... que la «petite souris» vient chercher sous l'oreiller pour les remplacer par des pièces de monnaie et des bonbons.

► Le troisième âge

Après l'enfance et l'âge adulte, vient le «troisième âge». On vit de plus en plus vieux en France : jusqu'à 83,8 ans pour les femmes et 76,7ans pour les hommes. En 2005 on comptait 6 000 centenaires et on pense qu'il y en aura 150 000 au milieu du XXIᵉ siècle.

Avec les progrès de la médecine, on vieillit mieux aussi et on reste actif plus longtemps. Quand, à partir de 80 ans, les problèmes d'autonomie commencent à se poser, il est rare de vivre en famille et plus courant d'être seul(e) avec une assistance à domicile ou dans une maison de retraite.

Comment la société française traite-t-elle les «seniors» ? Pas très bien : 36 % des Français pensent que l'image des personnes très âgées s'est dégradée dans cette société qui valorise surtout

la jeunesse et la beauté. La canicule* de 2003, pendant laquelle un très grand nombre de personnes âgées sont mortes, a confirmé que cette partie de la population est trop souvent seule et abandonnée.

*forte chaleur

► Les fêtes familiales

Comme dans de nombreux pays dans le monde chaque année on fête le jour de sa naissance : traditionnellement la personne dont c'est l'anniversaire souffle les bougies, placées sur un gâteau, qui correspondent à son âge. On lui offre ensuite des cadeaux, qu'elle ouvre aussitôt. On célèbre aussi un autre anniversaire : celui du mariage : des noces de papier (1 an) aux noces d'argent (25 ans)... ou même aux noces de diamant (60 ans), c'est l'occasion de se réunir en famille.

Le dernier dimanche de mai est le jour de la fête des mères. Les enfants dans les écoles préparent des petits cadeaux «faits maison». Les fleuristes font de bonnes affaires. Un mois plus tard, c'est la fête des pères. Il existe aussi la fête des grands-mères... pourquoi pas des grands-pères ?

SONDAGE SUR LA FAMILLE

55 %	des Français considèrent la vie familiale, après la santé, comme la chose la plus importante dans la vie.
66 %	préfèrent le mariage à l'union libre ou le PACS dans la perspective d'une vie de famille.
76 %	estiment que les familles «recomposées» sont de vraies familles.
48 %	jugent satisfaisante la politique familiale du gouvernement (le même nombre la juge insatisfaisante)

D'après IFOP-UNAF, 2004.

ÉCOUTEZ ET RÉPONDEZ

a. Où sont Clotilde et Valeria ?

b. Quelle est la nationalité de Valeria ?

c. Que fait Clotilde ?

d. Que lui dit Valeria ?

e. Quand est-ce que Valeria va voir sa famille ?

FAITES LE POINT

❶ Observez

Regardez le sondage sur la famille. Quel résultat vous montre :

a. que les Français sont attachés à la tradition ?

b. qu'ils sont libéraux ?

c. qu'ils sont toujours insatisfaits ?

❷ Entourez la bonne réponse

a. Les Français ont en moyenne deux enfants/trois enfants.

b. Depuis les années 1970, le nombre de mariages augmente/diminue en France.

c. On se marie de plus en plus tôt/tard.

d. Le PACS est pour les couples homosexuels/pour tous les couples.

e. Les personnes âgées de plus de 80 ans vivent le plus souvent dans une maison de retraite/dans leur famille.

f. On estime que la situation des personnes âgées est excellente/n'est pas bonne.

g. En France les jeunes quittent très tard/très tôt leur famille.

h. La famille est une valeur assez importante/très importante pour les Français.

❸ Répondez

a. Qu'est-ce que le PACS ? Quels avantages est-ce qu'il offre ?

b. Que veut dire « l'union libre » ?

c. Qu'est-ce qu'une famille « monoparentale » ? une famille « recomposée » ? une famille « nombreuse » ?

d. Que veut dire l'expression « le troisième âge » ?

e. Que fait l'État français pour aider les familles nombreuses ? Est-ce suffisant selon les Français ?

❹ Donnez votre avis

a. Que pensez-vous de la politique « nataliste » de la France ?

b. À votre avis, est-ce qu'il y a assez, pas assez ou trop d'enfants dans votre pays ?

c. Trouvez-vous que le PACS est une bonne alternative au mariage ? Pour quels types de personnes ? Et pour vous ?

d. Répondez personnellement au sondage pour la famille.

e. Est-ce que les personnes âgées jouent un rôle important dans la société ? Expliquez.

f. À votre avis, à quel âge est-ce qu'un jeune doit quitter sa famille ?

VOISINS, VOISINES

Devant la loge de la gardienne.

La gardienne – Bonjour madame Chenu !

La vieille dame – Bonjour madame Renard !

La gardienne – Comment ça va ? je m'inquiète un peu… je ne vous vois plus !

La vieille dame – Il fait trop froid, je n'ai pas envie de sortir… et avec Toto qui doit rester un peu tranquille… je préfère rester chez moi.

La gardienne – Mon pauvre petit Toto, ça va mieux ta patte ?… Qu'est-ce qu'il a dit le vétérinaire ?

La vieille dame – Vous voyez, il lui a mis un bandage et il a dit que ce n'est pas grave. Dans une semaine ce sera fini. Ça va déjà mieux aujourd'hui.

La gardienne – Oh là là ! j'ai eu peur quand j'ai vu ce gros chien lui sauter dessus. Il l'a bien mordu, cette sale bête !

La vieille dame – Oh vous savez, c'est pas la première fois que ça lui arrive. Mon Toto il est très sociable. Il adore aller voir les autres chiens… alors quelquefois ça finit mal !

La gardienne – Il doit garder son bandage encore longtemps ?

La vieille dame – Une semaine. J'ai rendez-vous mercredi prochain à 14 heures chez le vérérinaire.

La gardienne – Mercredi ? C'est le jour où la compagnie du gaz vient relever votre compteur : n'oubliez pas de laisser vos clés. Ils doivent entrer dans votre appartement… pour regarder le compteur.

La vieille dame – Ah ! oui ! c'est vrai ! Vous pensez à tout madame Renard !

La gardienne – Avec trente locataires dans l'immeuble, il faut bien penser à tout. Mais je dois dire qu'ils sont tous bien gentils ! On a de la chance ! Vous savez que les Duroy vont partir… on va bien les regretter…

La vieille dame – Surtout la petite ! Elle m'aide souvent à porter mes sacs quand je reviens du marché….. Bon, je dois vous quitter. Je vais faire mes courses. Bonne journée madame Renard !

La gardienne – Bonne journée, madame Chenu !

INFORMATIONS

► **Le bonheur est dans le quartier**

Depuis 1999, chaque année au mois de mai l'association « Immeuble en fête » organise « la fête des voisins » avec le slogan : « J'invite mes voisins à prendre un verre. » Elle encourage chacun à recevoir ses voisins chez soi, dans la cour de l'immeuble, ou dans la rue, sur le trottoir. L'important est de faire connaissance, de se parler. C'est une manière de lutter contre l'individualisme, l'indifférence ou la peur de l'autre, surtout dans les grandes villes. D'année en année cette initiative, qui a commencé à Paris, a de plus en plus de succès. En 2003, nos voisins belges, irlandais, portugais l'ont adoptée. Il existe aussi des associations de quartier qui travaillent à l'amélioration de la qualité de vie des habitants : elles organisent des manifestations culturelles ou sportives et des repas de quartier : on descend tables et chaises sur une place ou un trottoir, chacun apporte à manger et on partage son repas dans la bonne humeur. Le quartier devient ainsi un petit village dans la grande ville.

Question : *En ce qui concerne vos voisins, quelle situation parmi les suivantes se rapproche le plus de la vôtre ?*

		Âge			
	Ensemble %	Moins de 35 ans %	35 ans et plus %	À la campagne %	Paris et région parisienne %
• Vous êtes devenus amis.	19	19	20	27	14
• Vous vous rendez régulièrement service.	28	18	33	28	27
• Il vous arrive de discuter.	26	28	26	23	27
• Vous vous dites juste bonjour lorsque vous vous croisez.	25	33	20	21	30
• Vous faites tout pour les éviter.	2	2	1	1	2
	100	100	100	100	100

Sondage IPSOS, « Les Français et leurs voisins » (mai 2005).

► Nos amis les bêtes

Quand on se promène dans les rues de Paris, on voit très vite que les Français aiment les animaux: il faut faire attention à ne pas marcher dans une crotte de chien! Cette pollution coûte cher à la Ville de Paris qui essaie d'éduquer... les maîtres! Avec plus de 7 millions de chiens et de chats, la France occupe la première position en Europe pour le nombre d'animaux domestiques. Un Français sur deux a un animal et c'est dans le nord de la France qu'on trouve le plus grand nombre de propriétaires de chiens: ils ont en général une famille, une maison et un jardin...

Dans les grandes villes, où il y a aussi beaucoup de chiens, nos amis à quatre pattes ont en plus un rôle social: dans la rue les personnes se parlent plus facilement quand elles promènent leur chien. Quelle est la capitale des chats en France? Avignon: 36 % de ses habitants ont un chat!

UNE HISTOIRE D'AMOUR
Motivations principales de la possession d'animaux familiers (en %)

	Chiens	Chats	Oiseaux	Poissons	Rongeurs
Pour l'amour des animaux	67	71	61	33	46
Pour tenir compagnie	59	50	37	10	25
Pour les enfants	29	33	30	48	73
Pour l'esthétique	1	3	8	37	4
Pour la garde	22	–	–	–	–
Pour chasser les souris	–	21	–	–	–

► Le gardien ou la gardienne

On les appelle aussi le/la concierge. Ils habitent dans un petit appartement au rez-de-chaussée de l'immeuble, la «loge». Leur travail est de faire le ménage dans l'immeuble, de distribuer le courrier qu'apporte le facteur, et de renseigner les personnes qui cherchent l'étage ou le numéro d'un appartement.

Ils peuvent aussi rendre des services aux locataires: garder leurs clés, garder leur courrier, par exemple. C'est pourquoi on leur donne un petit cadeau pour le 1er janvier, généralement une somme d'argent dans une enveloppe.

ÉCOUTEZ ET RÉPONDEZ

    a. Qui parle?

    b. Qui est Toto?

    c. Qu'est-ce qui lui est arrivé?

    d. Qu'est-ce qui va se passer mercredi?

    e. Pourquoi est-ce qu'on parle de clés?

    f. Est-ce que les locataires de cet immeuble sont sympathiques?

FAITES LE POINT

❶ Observez

    a. D'après le sondage sur les relations des Français avec leurs voisins, les Français sont-ils pour vous de «bons voisins»? Pourquoi?

    b. Où est-ce qu'il y a de grandes différences d'attitude selon l'âge? Comment l'expliquez-vous?

    c. Comparez l'attitude des Parisiens et des provinciaux. Que remarquez-vous?

    d. Regardez le tableau des motivations des personnes qui ont un animal familier. Et résumez en une phrase les motivations les plus fortes.

❷ Complétez ces affirmations

    a. La France occupe la _____ position en Europe pour le nombre d'animaux domestiques.

    b. Le slogan de l'association «Immeubles en fête» est: «J'invite mes voisins à _____.»

    c. Quand chacun descend dans la rue pour déjeuner avec ses voisins, on appelle cela un _____ .

    d. L'appartement où habite le gardien/la gardienne est une _____ .

❸ Répondez

    a. Est-ce qu'un voisin devient souvent un ami pour les Français?

    b. Quel est l'autre mot qui signifie «gardien/gardienne»?

    c. Quel est le pourcentage de Français qui ont des animaux domestiques?

    d. Quel problème cause la présence des animaux dans les villes?

❹ Donnez votre avis

    a. Est-ce qu'il y a des concierges dans votre pays?

    b. Est-ce que vous pensez que les concierges sont très utiles? Pourquoi?

    c. Répondez au sondage sur les relations avec les voisins et expliquez vos réponses.

    d. Imaginez qu'on organise un «repas de quartier» dans votre rue. Y allez-vous? Pourquoi?

    e. Est-ce qu'il y a un peu/beaucoup/trop d'animaux domestiques dans votre pays? Est-ce qu'on doit limiter le nombre d'animaux par habitant? Pourquoi?

DES AMIS DISCUTENT

– On va jouer à un jeu. On va voir si vous connaissez bien la gastronomie française.

– Explique ce que ça veut dire « gastronomie » parce que je crois que Deborah ne comprend pas.

– C'est vrai, je ne comprends pas.

– La gastronomie c'est l'art de bien manger. Tu sais qu'en France on aime bien manger et qu'il y a beaucoup de spécialités régionales. Alors, pour le jeu, je vais donner une région de France, une région ou une ville, et vous me donnez immédiatement la spécialité de cette région. D'accord ? Vous avez compris ?

– Oui.

– On commence… Strasbourg !

– La choucroute[1] !

– Oui, et les saucisses aussi !…. la Bretagne ?

– Les crêpes ! Ça, c'est facile !

– La Savoie ?

– La tartiflette[2]…

– Oui, mais aussi autre chose.

– La fondue[3] !

– Exact… Bordeaux ?

– Les vins

– Paris ?

– Les champignons !

– Maintenant on fait le contraire : les escargots de….

– Bourgogne !

– La bouillabaisse[4] de…

– Marseille !

– Et le dernier, c'est pour Deborah : La moutarde de…

– Je sais ! Dijon ! Tu sais que j'adore la moutarde[5] française parce qu'elle est très forte…

– Et qu'elle monte au nez ! (rires).

1. *La choucroute :* plat à base de chou cuit, accompagné de saucisses, de lard, de viande de porc.
2. *La tartiflette :* plat à base de pommes de terre, d'oignons, de lardons et de fromage.
3. *La fondue :* mélange de fromage fondu et de vin blanc dans lequel on trempe des morceaux de pain.
4. *La bouillabaisse :* soupe de poissons qu'on mange avec des croûtons de pain et des morceaux de poissons.
5. L'expression « la moutarde me monte au nez » signifie « je commence à m'énerver, à me mettre en colère ».

INFORMATIONS

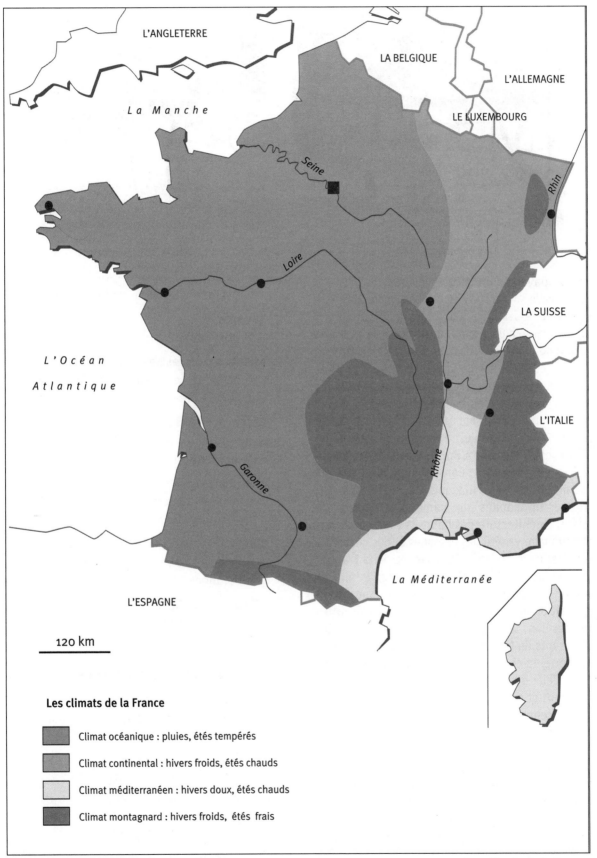

L'ANGLETERRE

LA BELGIQUE

L'ALLEMAGNE

La Manche

LE LUXEMBOURG

Seine

Rhin

Loire

LA SUISSE

L'Océan
Atlantique

L'ITALIE

Garonne

Rhône

La Méditerranée

L'ESPAGNE

120 km

Les climats de la France

Climat océanique : pluies, étés tempérés

Climat continental : hivers froids, étés chauds

Climat méditerranéen : hivers doux, étés chauds

Climat montagnard : hivers froids, étés frais

Les climats de la France.

Une ferme normande

Une villa provençale

► **Un pays aux multiples visages**

On appelle souvent la France l'hexagone parce que sa forme ressemble à une figure géométrique à 6 côtés. Dans ce petit pays, il est facile de faire une centaine de kilomètres pour se retrouver dans un paysage complètement différent : montagnes, vallées, plaines, collines, littoral, lacs, tous les paysages existent en France.

Les variations de climats sont aussi très marquées du nord au sud, de l'est à l'ouest : il peut neiger à Grenoble, pleuvoir à Brest, faire beau et chaud à Nice le même jour. Conséquence : des chalets de montagne aux villas méditerranéennes, des fermes normandes aux immeubles anciens de Lyon, l'architecture des habitats s'adapte à l'extraordinaire variété des paysages et des climats... et c'est ce qui fait un des charmes de la France.

Si on partage le pays en deux parties, le Nord, là où on parlait la langue d'oc[1], et le Sud où on parlait la langue d'oil, on note de grandes différences dans les goûts et la manière de vivre : les habitants du Nord préfèrent la bière, les pommes de terre, la charcuterie, ils aiment recevoir chez eux. Ceux du Sud mangent plus de légumes, de poissons et de fruits et aiment sortir, vivre dehors. Les accents aussi renforcent les spécificités des régions.

Mais la réalité est encore plus complexe. Comme le dit le démographe Hervé le Bras[2] : « la France n'est pas une nation comme les autres ; elle ne rassemble pas un peuple, mais cent. »

1. « Oc » et « oil » signifiait « oui ». Un région du sud de la France s'appelle le Languedoc aujourd'hui.
2. Auteur, avec Emmanuel Todd, de *L'Invention de la France*, Hachette Pluriel.

Carte d'identité de la France

Superficie
551 602 km²

Frontières terrestres avec :
la Belgique, le Luxembourg, l'Allemagne, la Suisse, l'Italie, l'Espagne.

Côtes maritimes :
la Manche, l'océan Atlantique, la mer Méditerranée.

Montagnes :
les Vosges, le Jura, les Alpes, le Massif central, les Pyrénées.

Fleuves :
la Seine, la Loire, le Rhin, le Rhône, la Garonne.

22 régions et 95 départements
(+ 4 départements d'outre-mer)

Les villes où il fait bon vivre

*Classement selon 86 indicateurs
(travail, écoles, transports, climat, habitat, culture, etc.)*

1. LYON
2. TOULOUSE
3. BORDEAUX
4. NANTES
5. TOURS

(d'après une enquête du *Point*, janvier 2005)

de vieux français

ÉCOUTEZ ET RÉPONDEZ

a. Que font ces personnes ?

b. Est-ce que vous comprenez le mot « gastronomie » ? Qu'est-ce qu'il veut dire ?

c. Avez-vous déjà entendu parler des régions ou des villes citées ? Lesquelles et en quelles circonstances ?

d. Faites la liste des spécialités citées : est-ce que vous avez déjà goûté certaines de ces spécialités ? Lesquelles et dans quelles circonstances ?

e. Est-ce que vous connaissez d'autres villes ou régions de France et d'autres spécialités ? Lesquelles ?

FAITES LE POINT

1 Observez

a. Regardez une carte de France : trouvez toutes les villes citées dans le dialogue puis les montagnes et les fleuves mentionnés sur la « carte d'identité de la France » p. 24.

b. Quels sont les 6 côtés de l'hexagone ?

c. Regardez la carte des climats. Où préféreriez-vous habiter ? Pourquoi ?

d. Complétez cette carte en écrivant le nom des villes, des montagnes et des fleuves.

2 Complétez

a. La France a des frontières terrestres avec la Belgique, _____, l'Allemagne, la Suisse, l'Italie, l'Espagne.

b. Les fleuves les plus importants sont : la Seine, la Loire, _____, le Rhône, la Garonne.

c. Les principales montagnes sont : les Vosges, _____, les Alpes, le Massif Central, les Pyrénées.

d. Les frontières maritimes de la France sont : _____, l'océan Atlantique et la mer Méditerranée.

3 Reliez chaque spécialité avec la région ou la ville correspondante

a. la Bretagne	**1.** La fondue
b. Marseille	**2.** les vins
c. Bordeaux	**3.** les champignons
d. La Savoie	**4.** la moutarde
e. Strasbourg	**5.** les crêpes
f. Paris	**6.** la choucroute
g. Dijon	**7.** la bouillabaisse

4 Répondez

a. Quel fleuve coule à Lyon ? à Tours ? à Toulouse ?

b. Quel est le pays d'Europe le plus près de Strasbourg ?

c. Quelle mer sépare la France de l'Afrique ?

d. Combien est-ce qu'il y a de régions en France ?

5 Donnez votre avis

a. Est-ce que c'est important de goûter la cuisine d'un pays qu'on visite Pourquoi ? Donnez des exemples tirés de votre expérience.

b. Quelle(s) spécialité(s) de votre pays est-ce que vous pouvez faire goûter à un étranger ?

Celia – Allo ? Catherine ? c'est Celia !

Catherine – Celia ? Ah comment ça va ?

Celia – Tu ne vas pas me croire.

Catherine – Qu'est-ce qui se passe ?

Celia – J'ai gagné un voyage pour deux personnes aux Antilles !

Catherine – Quoi ?

Celia – Oui, tu as bien entendu : j'ai gagné un voyage pour deux personnes aux Antilles.

Catherine – Non, c'est une blague !

Celia – Non, je t'assure, c'est tout à fait sérieux.

Catherine – Mais comment ?….

Celia – L'autre jour, j'étais au supermarché et quelqu'un me demande : « Vous voulez gagner un voyage pour deux personnes ? Il suffit de remplir ce bulletin de participation. » Je réponds : « Pourquoi pas ! » et après j'ai complètement oublié cette histoire. Et puis on m'a téléphoné tout à l'heure pour m'annoncer que j'ai gagné !

Catherine – Alors, tu es sûre, tu as vraiment gagné ?

Celia – Mais oui !

Catherine – Formidable !

Celia – Une semaine à Pointe-à-Pitre.

Catherine – Où ?

Celia – À Pointe-à-Pitre ?

Catherine – Où est-ce que c'est ?

Celia – C'est dans l'île de la Guadeloupe, dans les Antilles, dans la mer des Antilles, au nord du Venezuela.

Catherine – Excuse-moi, je suis très mauvaise en géographie !… ils parlent français là-bas ?

Celia – Évidemment, c'est un département français.

Catherine – Ah oui, c'est vrai, on a appris ça à l'école… alors tu vas partir avec Simon bien sûr…

Celia – Eh bien non ! j'ai décidé de partir avec une bonne copine.

Catherine – Qui ?

Celia – Mais toi bien sûr !

Catherine – MOI ? génial !

INFORMATIONS

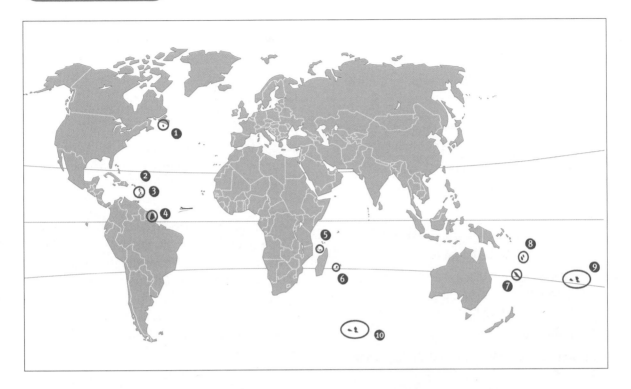

► L'outre-mer

On les appelait avant les DOM-TOM (départements et territoires d'outre-mer) : ils s'appellent depuis 2003 départements, régions, pays ou collectivités d'outre-mer, selon leur statut particulier. Ils sont loin de la France, qu'on appelle là-bas la « métropole », mais font partie de la France ou ont des relations très proches avec elle. On y parle français et différents créoles[1].

1. Mélange de langue indigène et de français.

• **Les départements et régions d'outre-mer (DROM) :** la Guadeloupe et la Martinique, la Guyane française et la Réunion. Ils ont les mêmes lois qu'en France avec quelques adaptations.
• **Les pays d'outre-mer (POM) :** la Nouvelle Calédonie, la Polynésie française. Ils ont une certaine autonomie.
• **Les collectivités d'outre-mer (COM) :** Wallis et Futuna, les Terres australes et antarctiques françaises, Mayotte, Saint-Pierre-et-Miquelon. Elles sont administrées par un représentant de l'État français.

NASA →

A. Les Antilles françaises : la Martinique et la Guadeloupe

Situation : deux îles des Antilles, entre la mer des Caraïbes et l'océan Atlantique.

Capitale de la Martinique : Fort-de-France.

Capitale de la Guadeloupe : Pointe-à-Pitre.

Climat : tropical tempéré.

Population : riche d'un mélange d'ethnies africaine, européenne, indienne, caribéenne.

Note : les deux îles ont été très marquées par l'esclavage, définitivement aboli en 1848.

NASA

B. La Guyane

Situation : située au nord-est du continent sud-américain, elle est en grande partie couverte par la forêt équatoriale.

Capitale : Kourou.

Climat : équatorial. Température moyenne : 25-27°.

Population : créoles d'origine africaine (les plus nombreux), Amérindiens, H'mongs (réfugiés du Laos), Antillais, Haïtiens, Brésiliens, Chinois, etc.

À noter : c'est le plus grand département français. Jusqu'au milieu du XXᵉ siècle on y déportait des prisonniers. Maintenant la Guyane, avec la création du Centre spatial guyanais à Kourou, en 1964, s'est modernisée. C'est de là que sont lancées les fusées Ariane.

C. La Réunion

Situation : dans l'océan Indien, à l'est de Madagascar.

Capitale : Saint-Denis-de-la-Réunion.

Climat : tropical modéré. Saison chaude de novembre à avril. Cyclones entre décembre et janvier.

Population : le plus peuplé des départements d'outre-mer. Une majorité d'Indiens, mais aussi des créoles, des Africains, des Chinois.

À noter : on y cultive le café et la canne à sucre.

D. La Nouvelle-Calédonie

Situation : dans l'océan Pacifique à l'est de l'Australie et de la Nouvelle-Zélande. Elle se compose de la Grande Terre et de nombreuses autres îles plus petites.

Capitale : Nouméa.

Climat : tropical tempéré. Saison chaude de novembre à avril.

Population : une grande variété d'ethnies : Kanaks[1] (40 %), Européens[2], Wallisiens, Futuniens, Indonésiens, Vietnamiens et Tahitiens.

À noter : le nickel, découvert en 1942, est une des grandes ressources de la Nouvelle-Calédonie. À partir de 1980, les Kanaks ont demandé leur indépendance. En 2014 : un référendum doit décider si la Nouvelle-Calédonie deviendra indépendante.

1. Habitant autochtone de la Nouvelle-Calédonie d'origine mélanésienne. 2. Appelés aussi « Caldoches »

E. La Polynésie française

Situation : 5 archipels, 118 îles en tout, entre la Californie et l'Australie. L'île la plus importante est Tahiti, dont la capitale est Papeete.

Climat : tropical. Température moyenne : 27°

Population : Polynésiens (83 %), Européens et Asiatiques.

À noter : la Polynésie a une large autonomie. Elle a son drapeau et son hymne national.

F. Les collectivités d'outre-mer

a. **Wallis et Futuna** sont des îles situées entre la Nouvelle-Calédonie et Tahiti, peuplées surtout d'habitants d'origine polynésienne.

b. **Les Terres australes et antarctiques françaises** sont principalement habitées par des chercheurs et des scientifiques.

c. **Mayotte :** deux îles situées au nord-ouest de Madagascar, à forte densité démographique.

d. **Saint-Pierre-et-Miquelon :** un tout petit archipel à l'est du Canada qui survit difficilement grâce à ses activités de pêche et aux subventions de la métropole.

subsidies

ÉCOUTEZ ET RÉPONDEZ

a. Qui est au téléphone ?

b. Quelle nouvelle est-ce que Celia annonce ?

c. Quelle est la première réaction de Catherine ?

d. De quelle région du monde parle Celia ?

e. Où est située cette région ?

f. Est-ce que Simon va accompagner Celia ?

g. Quelle est la bonne surprise pour Catherine ?

FAITES LE POINT

❶ Observez

a. Lisez attentivement la description des différents pays, régions et territoires d'outre-mer, puis regardez la carte. Pour les situer, faites correspondre les chiffres avec les lettres des régions décrites.

b. Lisez le descriptif des populations qui peuplent ces régions. Que remarquez-vous ?

❷ Barrez les affirmations fausses

a. Les départements d'outre-mer sont : la Nouvelle-Calédonie, la Martinique et la Guadeloupe, la Guyane, la Réunion.

b. La Martinique et la Nouvelle-Calédonie vont organiser des élections pour décider si elles veulent être indépendantes.

c. L'île de la Réunion est le département le plus peuplé/le moins peuplé d'outre-mer.

d. Il y a beaucoup de touristes/de scientifiques dans les Terres australes et antarctiques françaises.

❸ Répondez

a. Quelles langues est-ce qu'on parle dans ces pays/départements/régions d'outre-mer ?

b. Quel est le climat des Antilles, de la Réunion, de la Nouvelle-Calédonie et la Polynésie ?

c. Qu'appelle-t-on la « métropole » ?

d. Quel territoire a déjà son drapeau et son hymne national ?

e. Pourquoi est-ce qu'on dit que la Guyane a un passé tragique ?

f. Quel territoire va organiser des élections pour décider de son indépendance ?

g. Pourquoi est-ce que la Guyane est très importante pour la France aujourd'hui ?

h. Quelle est la principale ressource de la Nouvelle-Calédonie ?

i. Qui sont les Kanaks ?

❹ Donnez votre avis

a. Est-ce que votre pays a ou a eu des colonies ou a été colonisé ? Expliquez.

b. Laquelle de ces régions d'outre-mer est-ce que vous aimeriez visiter ? Pourquoi ?

UN COUPLE DANS UNE AGENCE DE VOYAGE

– Bonjour madame, bonjour monsieur.

– Bonjour monsieur.

– Alors, c'est bientôt le départ !… vous avez déjà fait vos valises ?

– *(rires)* Non, pas encore… on a le temps.

– Je vous ai préparé vos billets d'avion et les propositions de visites : le premier jour un petit tour sur la Seine sur un bateau-mouche[1] et une visite à la Tour Eiffel. Le deuxième jour, le Louvre, accompagnés d'un guide. Vous voyez, c'est un programme très classique

– Est-ce que nous sommes obligés de rester avec le groupe ?

– Non, vous êtes complètement libres, mais vous savez, une visite guidée c'est très intéressant et nous choisissons toujours des guides très compétents. Le troisième jour, vous allez monter sur l'Arc de Triomphe et vous promener sur les Champs-Élysées, la plus belle avenue du monde. Le soir, le spectacle de danse au Moulin Rouge[2] va certainement vous amuser…

– Je crois que je préfère dîner dans un petit restaurant à Belleville[3].

– Belleville ?… Ah bon !

– Oui, mon mari et moi nous n'aimons pas les spectacles trop touristiques.

– C'est comme vous voulez… Bon, je continue… où en sommes-nous ?… Ah oui ! le quatrième jour, vous visiterez Notre-Dame de Paris, toujours avec notre guide….

– Et on va faire une promenade sur l'île Saint-Louis ?

– Heu… non, ce n'est pas prévu, mais je vous le répète : vous faites ce que vous voulez.

– Vous comprenez monsieur, pour nous c'est notre deuxième voyage de noces ; alors nous voulons surtout marcher dans Paris, regarder, observer, aller dans les cafés, prendre notre temps…

– D'accord, d'accord. Bon, eh bien, je vous laisse tout le programme. Regardez-le tranquillement chez vous.

– Merci.

---

1. Bateau touristique.
2. Célèbre cabaret parisien immortalisé par le peintre Toulouse Lautrec.
3. Quartier populaire de Paris.

INFORMATIONS

► Paris

Capitale administrative, économique, politique, culturelle, Paris avec ses 2,2 millions d'habitants reste une ville à taille humaine : on peut visiter le Paris *intra muros** à pied (15 fois plus petit que le grand Londres). Mais la recherche de loyers moins élevés et d'une meilleure qualité de vie incite beaucoup de Parisiens à partir habiter en banlieue ou en province.

* à l'intérieur du périphérique.

► Quelques monuments ou lieux importants de la capitale

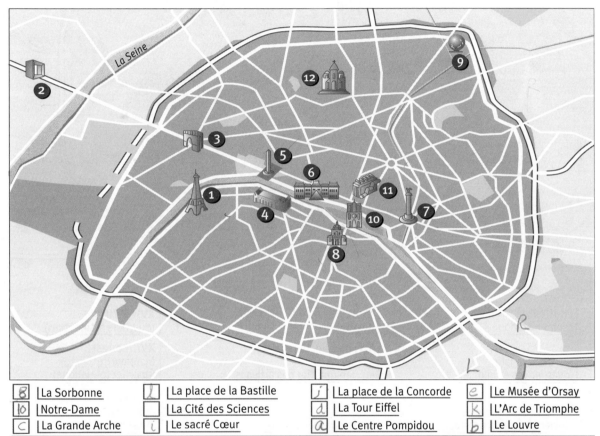

8 La Sorbonne	l La place de la Bastille	j La place de la Concorde	e Le Musée d'Orsay
10 Notre-Dame	La Cité des Sciences	d La Tour Eiffel	k L'Arc de Triomphe
c La Grande Arche	i Le sacré Cœur	a Le Centre Pompidou	b Le Louvre

Paris intra-muros

a. Très contesté au moment de sa construction en 1977, ce musée d'art moderne ressemble à une usine et reçoit plus de 7 millions de visiteurs par an. 11

b. En 1989 on a construit dans sa cour une pyramide de verre qui sert d'entrée à ce célèbre musée vieux de plus de deux siècles. 6

c. Très moderne, elle a été construite en 1989 dans le prolongement de l'Arc de Triomphe. 2

d. Avec ses 324 mètres de hauteur, construit pour l'exposition universelle en 1889, ce monument est le symbole de Paris. 1

e. Connu pour sa riche collection de peintres impressionnistes, cette ancienne gare a été transformée en musée en 1986. 4

f. Devant cette superbe cathédrale gothique, construite entre le XIIᵉ et le XIVᵉ siècle, se trouve le kilomètre zéro, d'où toutes les distances routières de France sont calculées. 10

g. Cette prestigieuse université date du Moyen Âge. 8

h. C'est un musée moderne qui explique les mystères de la science. 9

i. Cette basilique, située sur la colline de Montmartre, a été édifiée à la suite de la défaite de 1870 (guerre franco-prussienne). 12

j. C'est la plus grande place de Paris et elle date du XVIIIᵉ siècle. Au centre se dresse l'obélisque de Louqsor, offert à la France en 1829. 3

k. Ce monument a été édifié par Napoléon, en 1806, en hommage à l'armée impériale après la victoire d'Austerlitz. 5

l. La prison qui s'y trouvait a été détruite le 14 juillet 1789. 7

Pantheon.

les lancements.

CNES

► Les arrondissements de Paris

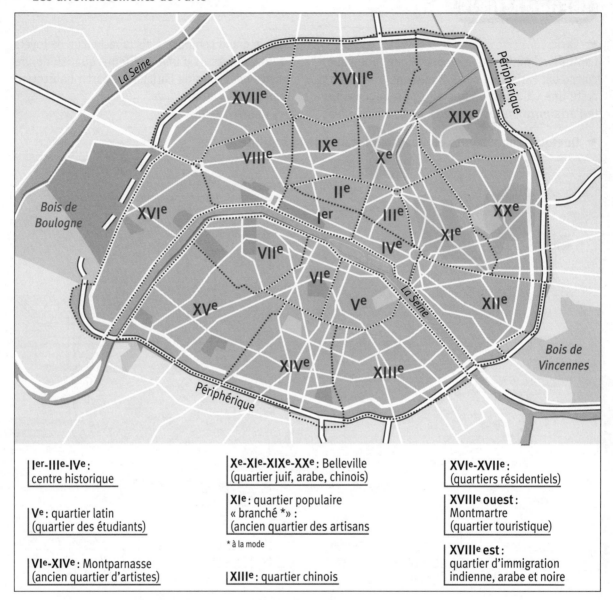

Ier-IIIe-IVe : centre historique	**Xe-XIe-XIXe-XXe :** Belleville (quartier juif, arabe, chinois)	**XVIe-XVIIe :** (quartiers résidentiels)
Ve : quartier latin (quartier des étudiants)	**XIe :** quartier populaire « branché * » : (ancien quartier des artisans *à la mode	**XVIIIe ouest :** Montmartre (quartier touristique)
VIe-XIVe : Montparnasse (ancien quartier d'artistes)	**XIIIe :** quartier chinois	**XVIIIe est :** quartier d'immigration indienne, arabe et noire

► Le baron Haussmann (1809-1891)

Sous le second Empire, le préfet Haussmann, a transformé le Paris du Moyen Âge en un Paris moderne : rues élargies, monuments dégagés et restaurés, construction de nouvelles églises, aménagement des bois de Boulogne et de Vincennes ; ces énormes travaux ont été critiqués car ils ont coûté très cher à la nation et ont causé la destruction de beaucoup de vieux monuments. Mais Paris est devenu le centre de l'Europe et la « ville lumière » qui attire les touristes du monde entier.

Porte de Vincennes XIIe

Port Maillot (XVIe/XVIIe

► Métro, boulot, dodo*

Le métro est le moyen de transport le plus rapide et le moins cher à Paris. Il a été inauguré le 19 juillet 1900, avec la ligne n° 1, de la Porte de Vincennes à la Porte Maillot, qui existe toujours. À cette époque Londres, Berlin, New York et Philadelphie avaient déjà leur métro. Aujourd'hui, avec ses 16 lignes et 372 stations, le métro parisien est un réseau très dense qui couvre bien toute la capitale. Des artistes – musiciens, marionnettistes, danseurs – animent les couloirs du métro et essaient d'apporter un peu de gaieté à ces Parisiens toujours pressés. Les lignes des trains RER (Réseau Express Régional) assurent le transport vers les banlieues.

*Expression qui décrit la vie répétitive des Parisiens : ils prennent le métro, travaillent (boulot) et dorment (dodo).

ÉCOUTEZ ET RÉPONDEZ

    a. Qui parle ?

    b. De quoi parlent-ils ?

    c. Notez les lieux ou monuments cités dans le dialogue. Est-ce que vous les avez vus en vrai, en photos, au cinéma, à la télévision, ou sur Internet ? Dans quelles circonstances ?

    d. Est-ce que le couple aime le programme qu'on lui propose ? Pourquoi ?

FAITES LE POINT

❶ Observez

    a. Regardez le plan avec les monuments de Paris : trouvez pour chaque lieu ou monument la description correspondante.

    b. Quel fleuve traverse Paris ?

    c. Regardez le plan des arrondissements et observez comment ceux-ci sont numérotés : que remarquez-vous ?

    e. Comparez les deux plans et dites dans quels quartiers sont situés la Sorbonne ? le Sacré-Cœur ? le Louvre ?

❷ Cochez la/les bonnes réponses

    a. Paris est :
      ☐ plus grand ?
      ☐ moins grand que Londres ?

    b. La première ville du monde à avoir un métro a été :
      ☐ Paris ?
      ☐ Londres ?

    c. Les quartiers résidentiels se trouvent :
      ☐ à l'est ?
      ☐ à l'ouest ?

    d. Le quartier des étudiants est :
      ☐ le Quartier latin ?
      ☐ Montmartre ?

    e. Il existe une forêt :
      ☐ à l'est ?
      ☐ à l'ouest de Paris ?

❸ Répondez

    a. Citez deux églises, trois musées, deux places très connus à Paris.

    b. Comment s'appelle le boulevard qui entoure Paris ?

    c. Comment s'appelait l'homme qui, au XIXᵉ siècle a transformé Paris ?

    e. Quel moyen de transport utilisent les personnes qui habitent en banlieue (les banlieusards) ?

❹ Donnez votre avis

    a. À quoi pensez-vous quand vous prononcez le mot « Paris » ? Pourquoi ?

    b. Choisissez trois endroits que vous aimeriez visiter en priorité, par ordre de préférence et expliquez pourquoi.

    c. Comparez Paris à la capitale de votre pays. Quelles ressemblances et quelles différences est-ce que vous voyez ?

CHEZ MONSIEUR ET MADAME LARTIGUE

– Bonsoir chéri !

– Bonsoir ma chérie !

– Tu as vu l'heure ?

– Ah non, s'il te plaît, pas de reproche ! J'ai eu une journée horrible, alors si tu commences toi aussi à…

– Mais non, simplement je m'inquiétais…

– Je suis crevé[1] !

– Tu te rappelles que…

– La réunion de ce matin avec le grand client du Texas… eh bien, son avion est arrivé avec deux heures de retard ! On a commencé à 11 heures au lieu de 9 heures. Après on est allé au restaurant pour continuer à discuter. Le service était lent… interminable.

En plus, il n'arrêtait pas de recevoir des coups de téléphone sur son portable pendant tout le repas et il répondait. Je trouve ça vraiment désagréable et impoli.

– Je comprends, mais…

– À la fin du repas, il s'est senti mal. J'ai dû appeler un taxi pour le raccompagner à l'hôtel. Je crois qu'il avait un peu trop bu. Le garçon n'arrêtait pas de remplir son verre. Quand je suis rentré au bureau, j'étais en retard d'une heure pour tous mes rendez-vous de l'après-midi.

– Une minute, s'il te plaît, je voudrais…

– Et en plus ma secrétaire a dû partir plus tôt parce qu'elle avait rendez-vous chez le dentiste… enfin je ne te raconte pas tout, mais tu vois pourquoi je ne pense qu'à une chose : prendre un bon bain et aller me coucher.

– Chéri, tu as oublié qu'on est invité chez Eric et Sylviane.

– Quoi ? ce soir ?

– Mais oui, tu sais bien que c'est l'anniversaire d'Eric.

– Oh ! NON !…

---

1. Très fatigué (familier).

INFORMATIONS

► **Les repas**

On commence la journée avec **le petit déjeuner** : une boisson chaude (thé, café ou chocolat), des tartines (tranches de pain avec du beurre et/ou de la confiture ou du miel), ou des croissants, ou des céréales. Mais certains n'ont pas envie ou n'ont pas le temps de prendre leur petit déjeuner chez eux, d'autres boivent seulement un café au comptoir d'un bar ou au bureau.

Entre 12 heures et 14 heures, on déjeune. **Le déjeuner** est normalement un vrai repas qu'on prend chez soi, à la cantine, dans un bistro ou au restaurant : entrée, plat principal (viande/poisson avec des légumes), dessert ou fruits.

Très souvent on se contente d'un plat ou d'un sandwich : dans les grandes villes la restauration rapide s'est beaucoup développée. On peut aussi inviter un client, un collaborateur, un collègue. C'est alors un « **repas d'affaires** » : une manière agréable de mieux se connaître pour mieux travailler ensemble. On ne parle affaires qu'au dessert ou au café !

À l'école, au collège ou au lycée, les enfants déjeunent à la cantine ou rentrent chez eux. Comme les adultes, c'est un vrai repas avec normalement un plat chaud.

Quand ils sortent de l'école, les enfants prennent souvent **un goûter** : un pain au chocolat par exemple.

Le soir, vers 20 heures, enfants et adultes se retrouvent pour **le dîner** en famille, un repas complet, qui est important car c'est l'occasion de raconter sa journée, de parler de tout. 76 % des Français disent qu'ils cuisinent eux-mêmes leurs repas, surtout s'ils invitent des amis. Les autres, en particulier les célibataires et les jeunes, achètent des plats préparés ou des surgelés.

L'invité(e) apporte généralement des fleurs, une boîte de chocolats, une bonne bouteille de vin ou un petit cadeau que la maîtresse de maison ouvre immédiatement devant ses hôtes... Il est courant d'arriver avec dix ou quinze minutes de retard (surtout ne pas arriver en avance !).

* Il ne fallait pas = ce n'était pas nécessaire. C'est une manière polie de dire que vous n'êtes pas obligé d'apporter quelque chose, mais que c'est très gentil.

Avant le repas, on sert souvent un apéritif : alcools ou jus de fruits. C'est l'occasion de commencer la conversation.

Dans les dîners formels la maîtresse de maison place ses invités en fonction de leurs centres d'intérêt et de leur âge, en alternant un homme et une femme autour de la table.

Les repas peuvent durer longtemps : c'est l'occasion de parler, d'échanger des informations, de plaisanter.

Après le repas on propose des digestifs (alcools forts) ou du café ou des infusions*. C'est la conclusion de la soirée. Il faut encore parler un peu et préparer doucement son départ par des petites phrases.

* Sorte de thé (on remplace le thé par d'autres plantes aromatiques).

Un appel téléphonique le lendemain pour remercier encore est toujours apprécié.

► Savoir-vivre

Si on organise une fête chez soi qui risque d'être bruyante, il faut prévenir ses voisins. Mais attention ! on doit baisser le volume de la musique après 10 heures du soir, sinon on risque une amende* pour « tapage nocturne ».

* Somme d'argent qu'on doit payer.

La consommation de pain en France par jour et par habitant	
Année	**Quantité**
1900	900 gr
1925	325 gr
1970	200 gr
1990	160 gr
2000	165 gr

Aujourd'hui la consommation de pain s'est stabilisée.

(Sondage Sofres, 30 mai-3 juin 2002)

► Et le vin ?

Pas de bon repas sans bon vin ! Le vin fait vraiment partie du patrimoine culturel français. Mais le comportement des consommateurs a changé : on boit moins mais mieux car on privilégie la qualité. La consommation de vin est passée de 160 litres par an et par habitant en 1965 à moins de 70 litres en 2005. Près de deux Français sur trois pensent que le vin, consommé avec modération, est bon pour la santé.

ÉCOUTEZ ET RÉPONDEZ

a. D'où vient monsieur Lartigue ?

b. Pourquoi est-ce monsieur Lartigue n'est pas content ?

c. Où et avec qui est-ce qu'il a déjeuné ?

d. Qu'est-ce qui s'est passé pendant le repas ? et à la fin du repas ?

e. Qu'est-ce qu'il veut faire maintenant ?

f. Qu'est-ce que sa femme lui annonce ?

g. Qu'est-ce qui va se passer, à votre avis ?

FAITES LE POINT

❶ Observez

a. Regardez le tableau de la consommation de pain : qu'est-ce que vous constatez ?

b. Regardez «Invitation mode d'emploi». Voyez-vous de grandes différences dans la manière de recevoir en France et dans votre pays ? Lesquelles ? Expliquez.

c. Que veut dire la maîtresse de maison quand elle dit : «Il ne fallait pas !»

❷ Complétez le tableau

Comparez les repas en France et dans votre pays.

	En France	Dans votre pays
Combien de repas par jour ?	_____	_____
Qu'est-ce qu'on mange ?	_____	_____
À quelle heure ?	_____	_____
Quel est le repas le plus important ?	_____	_____
Est-ce qu'on mange du pain ?	_____	_____
Est-ce qu'on boit du vin ?	_____	_____

❸ Complétez

a. Les enfants, s'ils restent à l'école, déjeunent à la _____ .

b. Après la classe, les enfants prennent souvent un _____ .

c. En France, avant le repas, on propose souvent un _____ aux invités.

d. Après le repas, on peut aussi proposer un _____ ou _____ .

e. Si on fait du bruit après 10 heures du soir, on peut avoir une contravention pour _____ nocturne.

f. Un déjeuner où on invite des personnes pour discuter du travail est un _____ .

❹ Répondez

a. Qu'est-ce qu'on peut offrir à la maîtresse de maison quand on est invité ?

b. En France, est-ce que la maîtresse ouvre tout de suite son cadeau ? Pourquoi ?

c. Comment est-ce qu'on place les invités à table ?

d. Qu'est-ce qu'on doit faire quand on organise une fête dans son appartement ?

❺ Donnez votre avis

a. Est-ce que les repas sont des moments importants pour vous ? Pourquoi ?

b. Qu'est-ce qui est le plus important dans un dîner : ce qu'on mange ou la conversation ?

DANS UNE CAGE D'ESCALIER D'UN IMMEUBLE PARISIEN

Des personnes attendent. Une jeune femme arrive.

La jeune femme – Excusez-moi, vous attendez pour la visite du 2 pièces ?

Un jeune homme – Oui, c'est ça…. Et il y a une dizaine de personnes devant nous !

La jeune femme – Oh là là ! Tous ces gens attendent pour visiter ? mais c'est incroyable !

Le jeune homme – Eh oui ! je pense qu'il y a des personnes qui sont arrivées à 8 heures.

La jeune femme – Mais dans le journal, c'est écrit « Visite à 9 heures ».

Le jeune homme – Je sais mais il y a beaucoup de gens qui cherchent. Alors il faut être le premier et avoir un bon dossier.

La jeune femme – Un dossier ? Vous voulez dire il faut des bulletins de paie, une photocopie de carte d'identité, des références bancaires ?

Le jeune homme – Oui, c'est un minimum parce que souvent ils demandent plus de garanties : par exemple une lettre d'une personne qui se porte caution pour vous.

La jeune femme – Se porte caution ? Qu'est-ce que ça veut dire ?

Le jeune homme – Qui est d'accord pour payer le loyer pour vous si vous ne pouvez plus le payer pour une raison ou pour une autre. Par exemple, moi, mes parents se portent caution pour moi.

La jeune femme – Oui, c'est normal, vous, vous êtes jeune, mais moi j'ai 35 ans, je suis divorcée et j'ai un enfant. Je ne vais pas demander une caution de mes parents ! J'ai fait une demande de HLM[1] mais je n'ai pas encore de réponse… alors je cherche d'autres solutions parce que je vais être obligée de quitter bientôt mon logement : mon propriétaire va vendre l'appartement que j'occupe.

Le jeune homme – Nous sommes en décembre. On ne peut pas expulser des personnes en hiver.

La jeune femme – Ah bon ? Enfin une bonne nouvelle ! Vous savez je suis une bonne locataire. J'ai toujours payé mon loyer. J'ai l'allocation logement[2], ça m'aide. Je suis d'accord pour partir mais il me faut juste un peu plus de temps.

Le jeune homme – Bien sûr ! Ne vous inquiétez pas. Vous allez trouver.

---

1. « Habitation à Loyer Modéré » : ce type de logement est subventionné par l'État et est réservé aux familles qui ont des revenus modestes.
2. Somme d'argent que le gouvernement donne aux personnes pour les aider à payer leur loyer.

INFORMATIONS

▶ Maisons ou appartement ?

Si vous rêvez d'habiter une maison avec un jardin, allez dans le nord de la France. L'explication est culturelle : comme au Royaume-Uni, en Belgique ou aux Pays-Bas, la tradition de la maison individuelle y est très forte. L'Allemagne, l'Italie, l'est et le sud de la France préfèrent l'habitat collectif. Ainsi on note une forte proportion d'immeubles à Strasbourg, Besançon, Nice, Lyon et Grenoble. Mais 78 % des Français rêvent d'avoir une maison individuelle et pour 56 % d'entre eux ce rêve s'est réalisé.

Pour les familles aux revenus modestes il est de plus en plus difficile de se loger, surtout dans les grandes villes : les listes d'attente pour obtenir une HLM sont longues. Ces familles vivent souvent dans des « cités »* ou des « grands ensembles »* dans les banlieues.

Enfin, on trouve dans les grandes villes des SDF (personnes sans domicile fixe) : ils dorment dans les rues, les gares, le métro... La plupart avaient un logement qu'ils n'ont plus parce qu'ils ont perdu leur emploi ou vécu un événement dramatique (divorce, problèmes de santé, etc.). Des centres d'hébergement provisoire peuvent les accueillir. *accommodation*

* Groupes de grands immeubles.

HABITER EN EUROPE

Principales statistiques du logement dans l'Union européenne à quinze (2000, en % des ménages)

	Maison individuelle	Propriétaire
Allemagne	40,4	43,3
Autriche	47,8	53,9
Belgique	79,3	72,9
Danemark	64,0	65,2
Espagne	39,8	85,4
Finlande	56,0	68,1
France	63,3	62,5
Grèce	50,1	83,6
Irlande	94,7	82,3
Italie	35,4	75,4
Luxembourg	67,5	70,8
Pays-Bas	68,4	53,0
Portugal	65,4	65,2
Royaume-Uni	80,9	70,5
Suède	51,3	59,9
Europe à 15	**54,6**	**63,4**

► **Le premier poste de dépenses**

Avec la diminution du temps de travail, les Français passent plus de temps chez eux et dépensent plus d'argent pour entretenir et décorer leur intérieur. Plus d'un quart de leur budget est utilisé pour le logement : le loyer – la moitié ne sont pas propriétaires – et l'entretien. Cependant le gouvernement donne des aides au logement (« allocation logement ») aux familles aux revenus modestes et aux étudiants.

À LOUER STUDIO VIDE
Cuis. équip.
6e ét. ss asc.
Libre le 1er sept.
300 euros + 50 ch.
Tél : 01 42 25 88 53

► **Vivre ensemble : la colocation**

Comme il est de plus en plus cher de se loger dans les grandes villes, certains préfèrent louer à plusieurs un grand appartement. C'est plus économique, pratique et convivial : on se partage le loyer, mais aussi les repas et les tâches ménagères*... et on se sent moins seul.

Cette formule plaît non seulement aux étudiants, qui ne trouvent pas de chambres dans les (trop rares) cités universitaires, mais aussi à d'autres catégories de la population : des personnes de 35 à 49 ans qui redeviennent célibataires après un divorce par exemple, ou des provinciaux qui travaillent à Paris pendant la semaine et retournent chez eux le week-end.

Les colocataires se rencontrent par petites annonces dans la presse ou sur Internet. À Paris, un café organise chaque jeudi des rencontres entre futurs colocataires. Êtes-vous fumeur ou non fumeur ? Aimez-vous vivre la nuit ou le jour ? Êtes-vous ordonné ou désordonné ? Végétarien ou carnivore ? Il est préférable de connaître les goûts et les habitudes de l'autre avant de se lancer dans l'aventure de la cohabitation.

* Faire le ménage, la vaisselle, la lessive, ranger, etc.

Urgent !

Constance et Christophe
ch 2 coloc
non fumeurs
pr partager appart Bastille
meublé, balcon, internet,
sept à juin
400 euros cc.
Tél 06 45 32 10 24

QUESTIONNAIRE DE COLOCATION

Ville .... Secteur(s) ou arrondissement ....

Loyer   Mini (€) [ ]   Maxi (€) [ ]   [ ] / Mois (pour une longue période)

     [ ] / Semaine (pour une courte durée)

     [ ] / Jour

Date d'emménagement prévue : .... Pour quelle durée ? ....

La chambre   Meublée ☐   Non meublée ☐

Sexe de votre colocataire   F ☐   M ☐   Peu importe ☐

Mon profil   Je suis un(e) ....   Mon âge ....

     Fumeur ☐   Non fumeur absolu(e) ☐

Mon activité actuelle : ....

Loisirs : ....

Goûts : ....

Animaux : ....

Mes commentaires :

Tél : ....   email : ....

ÉCOUTEZ ET RÉPONDEZ

a. Est-ce que ces deux personnes se connaissent ?

b. Où est-ce qu'elles sont ?

c. Pourquoi est-ce qu'elles sont là ?

d. Est-ce que la jeune femme est célibataire ?

e. Quel est son problème ?

f. Qu'est-ce que le jeune homme lui dit ?

g. Que veut dire « se porter caution » ?

FAITES LE POINT

1 Observez

a. Lisez les deux petites annonces. Réécrivez-les en français correct. Remplissez le questionnaire

b. Vous êtes étudiant et vous cherchez un logement : à quelle annonce répondez-vous ? Pourquoi ?

c. Regardez le tableau « Habiter en Europe » : quelles sont les différences entre les Français et les Espagnols ? les Français et les Irlandais ?

d. Quel est le pays d'Europe où il y a le plus de maisons individuelles ? le plus grand nombre de propriétaires ?

2 Barrez dans chaque phrase ce qui n'est pas exact

a. Dans le nord, comme dans le sud, on préfère les maisons individuelles.

b. Plus de deux français sur 3 sont propriétaires d'une maison individuelle.

c. Seuls les étudiants pratiquent la colocation.

d. En France on peut expulser un locataire en toutes saisons : en été, en automne, en hiver, au printemps.

e. Les Français ne dépensent pas plus d'un quart de leur budget pour leur logement.

3 Répondez

a. Qu'est-ce qu'une HLM ?

b. Qu'est-ce qu'un SDF ?

c. Qu'est-ce que l'allocation logement ?

d. Quels sont les avantages de la colocation ?

e. Quels sont les précautions à prendre avant de prendre une colocation ?

f. Est-ce que beaucoup de Français sont propriétaires de leur logement ?

4 Donnez votre avis

a. Faites la liste des inconvénients de la colocation.

b. Préférez-vous habiter dans une maison ou un appartement ? Pourquoi ?

c. Pensez-vous que le gouvernement devrait contrôler le prix des loyers ? Pourquoi ?

d. Êtes-vous surpris de ce que vous venez d'apprendre sur le logement en France ? Si oui, pourquoi ?

e. La situation est-elle différente dans votre pays ? Est-ce que les logements coûtent cher ? Est-ce que c'est plus facile de trouver un logement à la campagne qu'à la ville ?

LE JOUR DE LA RENTRÉE SCOLAIRE

– Alors, cette première journée de cours, ça s'est bien passé ?

– Oui, j'ai retrouvé une copine de l'école primaire, du CE2[1], de la classe de Madame Mariani. C'est elle qui m'a reconnue. Elle est très sympa.

– Et les profs ?

– Les mêmes que l'année dernière, sauf le prof d'anglais… et le prof d'éducation civique qui est très jeune et qui nous a donné son premier cours.

– Intéressant ?

– Bof… pas mal. Il a rappelé que l'école publique est laïque et que les élèves ne devaient pas porter des signes trop visibles de leur religion… mais on le sait déjà.

– Il y a des filles qui sont arrivées avec un voile à l'école ?

– Oui, deux ou trois, mais elles l'ont enlevé à l'entrée.

– À part ça ?

– À part ça j'ai un emploi du temps très chargé… 33 heures de cours par semaine.

– Mais c'est normal, tu vas passer ton bac de français cette année.

– Oui, je sais, mais je ne suis pas trop inquiète parce que j'adore la littérature.

– Et les maths ?

– Arrête, maman !… tu ne vas pas commencer le jour de la rentrée !

– Tu as raison ! Assieds-toi, je t'ai préparé un bon chocolat chaud.

---

1. Cours élémentaire deuxième année (troisième année d'école).

INFORMATIONS

► La laïcité

À la révolution française en 1789, l'État français a cessé d'être catholique mais est resté « chrétien ». C'est seulement en 1905 qu'on a séparé officiellement l'Église et l'État : pas d'intervention de l'Église dans les affaires politiques et administratives ni dans l'enseignement. Depuis cette date, les cours de religion sont interdits dans les écoles publiques ; seul le mariage à la mairie est reconnu et l'État ne collecte aucune taxe pour aucune église.

En 2004, la France a réaffirmé son attachement au modèle laïque et républicain en interdisant aux jeunes gens de porter pendant les cours tout signe religieux ou politique « **ostensible** », c'est-à-dire qu'on met pour que les autres le voient.

► L'école maternelle et l'école primaire

Les petits Français commencent l'école très jeunes : à deux ans et demi, ils peuvent aller à l'école publique et gratuite. 100 % sont scolarisés à l'âge de trois ans.

L'école maternelle comprend 3 sections : petite, moyenne et grande section.

À 6 ans l'école devient obligatoire : on entre à l'école primaire.

CP-CE1. Les enfants apprennent à lire.

CE2-CM1. Ils continuent la lecture et font plus d'écriture et de calcul.

CM2. Les enfants doivent savoir lire, compter et préparent leur entrée au collège.

► Les études secondaires

LYCÉE	TERMINALE	18/19 ans
	→ Le bac	
	PREMIÈRE	16/17 ans
	→ L'épreuve de français	
	SECONDE	15/16 ans
Fin de études (+ de 16 ans)	Passage en Seconde	Entrée dans les écoles professionnelles
COLLÈGE	TROISIÈME	14 ans
	→ Le brevet des collèges	
	QUATRIÈME	13 ans
	CONQUIÈME	12 ans
	SIXIÈME	11 ans

Les élèves changent d'établissement scolaire pour intégrer la classe de Sixième : ils entrent au collège.

► Le bac (baccalauréat)

Cet examen national, qui marque la fin des études secondaires (entre 17 et 20 ans), est un rite de passage, une véritable institution créée par Napoléon en 1808.

Il existe une grande variété de bacs : les bacs généraux (littéraire, économique et social ou scientifique) qui préparent aux études supérieures longues, les bacs technologiques qui permettent l'accès aux études supérieures courtes et les bacs professionnels qui conduisent directement à la vie active.

En 2004, 79,7 % de candidats ont obtenu leur bac général. Certains pensent que cet examen est trop stressant et injuste : un élève qui a bien travaillé toute l'année peut rater son examen ce jour-là. Ils préfèreraient le « contrôle continu », c'est-à-dire calculer la moyenne des notes de toute l'année. Mais les défenseurs du bac pensent que l'évaluation des candidats ne doit pas être faite par les professeurs qui les connaissent mais par des examinateurs extérieurs et qu'avec le contrôle continu la valeur du diplôme dépendrait trop du lycée.

► Le calendrier scolaire

Les écoliers, collégiens, lycéens rentrent en classe en septembre : c'est « la rentrée scolaire ». Les cours finissent fin juin : commencent alors les « grandes vacances », deux mois de vacances d'été. Les petites vacances, le long de l'année, représentent au total environ 2 mois.

Beaucoup de vacances donc, mais aussi beaucoup d'heures de cours : un élève âgé de 12 à 14 ans a 1300 heures de cours par an, ce qui est plus que dans les autres pays de l'Union européenne (922 heures).

► Écoles publiques ou privées ?

Il existe en France les deux types d'écoles. L'État aide financièrement[1] les écoles privées – même si elles sont religieuses – sous certaines conditions, pour laisser la liberté de choix aux parents. Environ 17 % de la population scolaire étaient scolarisés dans le privé en 2003[2].

1. On dit qu'il « subventionne » ces écoles qui sont « sous contrat » avec l'État.
2. Données du ministère de l'Éducation nationale.

ÉCOUTEZ ET RÉPONDEZ

a. Quelle est la relation entre les deux personnes qui parlent ?

b. À quel moment de l'année a lieu cette scène ?

c. Quel cours a suivi la jeune fille ?

d. De quoi est-ce que le professeur a parlé ?

e. À votre avis, quel âge a la jeune fille ?

f. Quel examen va-t-elle passer ?

g. Pourquoi est-ce que sa mère est inquiète ?

h. Est-ce que la jeune fille est contente ou mécontente ? Expliquez.

FAITES LE POINT

1 Observez

a. Regardez le tableau des études secondaires : combien d'années d'études secondaires sont nécessaires pour passer le bac ?

b. Est-ce qu'il est obligatoire d'aller au lycée ou est-ce qu'on peut arrêter ses études à 15 ou 16 ans ?

2 Vrai ou faux ?

	V	F
a. On entre en sixième généralement à 13 ans.	☐	☐
b. La rentrée scolaire est en septembre.	☐	☐
c. Les petits Français commencent l'école maternelle à six ans.	☐	☐
d. Il existe une grande variété de bacs.	☐	☐
e. Les jeunes filles musulmanes ont le droit de porter de temps en temps le voile à l'école, au collège ou au lycée.	☐	☐
f. Les collégiens français ont moins d'heures de cours par semaine que les autres collégiens européens.	☐	☐

3 Répondez

a. À quel âge est-ce qu'on apprend à lire et à écrire en France ?

b. Est-ce que les lycéens et les collégiens ont beaucoup de vacances ? Combien ?

c. Pourquoi est-ce que l'existence du bac est contesté en France ?

d. Pourquoi est-ce qu'on dit que l'État français est laïc ?

e. Comparez le système scolaire en France avec celui de votre pays. Quelles sont les différences ? Quelles sont les similitudes ?

4 Donnez votre avis

a. Est-ce que le bac vous semble un examen injuste ? Pourquoi ?

b. À votre avis, est-ce que c'est normal d'interdire le voile dans les établissements scolaires ? Pourquoi ?

c. Préférez-vous avoir plus d'heures de cours dans l'année et beaucoup de vacances ou moins d'heures de cours, mais aussi moins de vacances ?

DANS UN CAFÉ DU QUARTIER LATIN

– Anne, tu sais quoi ? J'ai rencontré Blaise l'autre jour il a réussi le concours d'entrée à Sciences Po[1].

– Blaise ? lui qui est nul en histoire !

– Eh oui ! maintenant il veut se lancer dans la politique.

– Pour faire comme son papa…

– Son papa ?…

– Ben, oui, tu sais bien que son père est polytechnicien et qu'il a fait une brillante carrière d'abord dans l'industrie, puis dans la politique.

– Ah ! Je ne savais pas

– Et toi, ça marche la fac[2]?

– Oui, super bien. Je vais essayer de passer l'année de mon Mastère à Madrid…
C'est génial d'être européenne, non ?

---

1. Institut national des sciences politiques, une grande école. 2. La faculté = l'université.

AU RESTAURANT UNIVERSITAIRE

– Salut Benjamin !

– Salut Lucas !

– Ben… ça ne va pas ?… Qu'est-ce que tu as ?

– Problème de fric[1]. Je viens d'apprendre que je n'aurai pas de bourse[2] cette année.

– Mais pourquoi ?

– Les revenus de mes parents sont trop élevés depuis que ma mère a recommencé à travailler…
et pourtant ils ne sont pas riches, tu sais.

– Qu'est-ce que tu vas faire ?

– Je vais reprendre mon petit boulot au restaurant le soir… C'est dur de se lever pour aller aux cours quand on bosse[3] jusqu'à une heure du matin.

– Tu as toujours ta chambre près de la place d'Italie ?

– Oui, heureusement avec l'allocation logement[4] j'ai un petit loyer.

– Bon, allez, viens ! Je t'offre un café !

---

1. De l'argent (familier). 2. Aide de l'État pour financer une partie des études. 3. Travailler (familier). 4. Cf. leçon 9.

INFORMATIONS

L'université de la Sorbonne à Paris a été fondée vers 1200 par monsieur Sorbon pour loger les étudiants pauvres du quartier latin. Elle est devenue centre d'enseignement laïc au tout début du XIXᵉ siècle. Les universités de Toulouse et de Montpellier sont les plus anciennes universités de province.

Carte d'étudiant   2006/07

Né le 9 Novembre 1985 à SARREGUEMINES
UFR Lettres langues et sciences Humaines
N° dossier national 2064460 / 1290 2457
N° SS ETU 238642
ABSOU ETU 1 LM6E63
Master 2 Edition

CROUS

université Blaise Pascal

L'Université française à l'heure de l'Europe

DOCTORAT

3 années

↑

MASTÈRE

2 années

↑

LICENCE

3 années

↑

BAC

La carte d'étudiant donne des réductions dans les musées et au cinéma.

► L'Université française à l'heure de l'Europe

Depuis la rentrée universitaire de 2005, l'université française a adopté le système européen pour faciliter une plus grande mobilité des étudiants : Les études sont organisées sur 2 semestres (2 x six mois) et chaque diplôme se compose de « crédits » capitalisables. Un étudiant peut ainsi commencer ses études à Paris, les continuer à Barcelone et les finir à Rome... mais attention ! cette mobilité n'est possible qu'après la licence.

Ce système, qui fonctionne dans 40 pays, est plus personnalisé et plus souple : la première année les étudiants font connaissance des outils et des méthodes de travail et ils construisent un « projet professionnel ».

Ils peuvent aussi être aidés individuellement par des professeurs ou des étudiants plus avancés : Cela s'appelle « le tutorat ». Ils ont également la possibilité de changer d'orientation pendant l'année, après seulement un trimestre.

Dans l'ancien système il fallait attendre la fin de l'année universitaire. Enfin, ils peuvent suivre des enseignements en dehors de l'université où ils sont inscrits.

Grâce au programme Erasmus qui propose des séjours de trois mois à un an, la France est la championne des pays de l'Union européenne pour les échanges universitaires.

► Les grandes écoles

Ce sont des établissements d'enseignement supérieur, financés par l'État et qui sont prestigieux : être diplômé d'une grande école comme l'ENA (École nationale d'administration) ou l'X[1] est très apprécié dans la vie professionnelle et sociale. Mais la sélection pour entrer dans une grande école est sévère : le candidat, après obtenu son baccalauréat (si possible avec mention), doit faire un ou deux ans de « prépa » (préparation) puis présenter un « concours » d'entrée où le nombre de places est déjà fixé.

Depuis 1995, certaines grandes écoles, comme Polytechnique, ont créé un second concours d'entrée destiné aux étrangers. Ceux-ci peuvent désormais passer les épreuves de l'« X » de Pékin, Téhéran ou Moscou. Résultat : un quart des lauréats[2] sont étrangers. D'autre part pour donner une chance aux élèves issus de milieux modestes, « Sciences Po » (Sciences politiques) depuis 2001 a signé une « Convention d'éducation prioritaire » avec des lycées situés en « zone d'éducation prioritaire » (ZEP[3]). Elle permet à des élèves talentueux et motivés d'intégrer directement la grande école. Cette expérience très positive montre une ouverture sociale d'un système éducatif jusqu'ici considéré trop élitiste.

1. Nom donné à Polytechnique.
2. Ceux qui ont réussi le concours.
3. Ces zones sensibles sont celles où l'on trouve pauvreté et chômage.

► Étudiants salariés

Que faire pour financer ses études ? En France ce sont souvent les parents qui payent les études de leurs enfants. Les aides de l'État sous forme de « bourses » ne sont pas très élevées et sont limitées aux étudiants dont les familles ont des revenus très modestes.

À partir du deuxième semestre du mastère, on peut avoir une bourse sur critères universitaires, c'est-à-dire si on a de très bons résultats.

De plus en plus d'étudiants doivent prendre des « petits boulots alimentaires », souvent peu intéressants ou répétitifs. Ce sont les premiers contacts avec la vie active.

« L'allocation logement » rembourse aux étudiants une partie de leur loyer.

Pourcentage des jeunes qui travaillent pendant leurs études	
En % des jeunes scolarisés de 15-24 ans	
Danemark	55,6
Pays-Bas	58,3
France	10,8
Royaume-Uni	35,1
Allemagne	30,8
(Eurostat, EFT communautaire, 2006)	

ÉCOUTEZ ET RÉPONDEZ

1er dialogue

a. Quelles études est-ce que Blaise veut faire ?

b. Quelles études est-ce que son père a faites ?

c. Où est-ce qu'Anne a fait ses études ?

d. Quels sont les projets d'Anne ?

2e dialogue

a. Quel est le problème de Benjamin ?

b. Quelle est la relation entre son problème et ses parents ?

c. Est-ce qu'il pense trouver une solution à son problème ?

d. Est-ce que Benjamin paye cher pour son loyer ?

e. Qu'apprenez-vous dans ces deux dialogues sur la vie des étudiants en France ?

FAITES LE POINT

❶ Observez

a. Regardez l'encadré et comparez le système universitaire français à celui de votre pays. Est-ce qu'il est très différent ? Donnez un ou deux exemples.

b. Observez le tableau sur les jeunes qui combinent emploi et études : qu'est-ce que vous constatez ?

❷ Vrai ou faux ?

	V	F
a. L'année universitaire est organisée en trimestres.	☐	☐
b. Un étudiant peut capitaliser des crédits dans une université étrangère après la 1re année.	☐	☐
c. Un étudiant peut changer d'orientation au cours de l'année universitaire.	☐	☐
d. On peut passer le concours d'entrée de certaines grandes écoles à l'étranger.	☐	☐
f. Tous les étudiants perçoivent une bourse.	☐	☐

❸ Répondez

a. Pourquoi est-ce qu'on a changé l'organisation des études universitaires en France ?

b. Quels sont les avantages du nouveau système ?

c. Combien d'années d'études est-ce qu'il faut pour obtenir un mastère ?

d. Qu'est-ce que « le tutorat » ?

e. Qu'est-ce qu'une prépa ?

f. Quelle est la différence entre « un concours » et « un examen » ?

g. Qu'est-ce qu'une bourse ?

h. Est-ce que tous les élèves de Science Po doivent obligatoirement passer le concours d'entrée ?

i. Comment est-ce que la majorité des jeunes Français financent leurs études ?

❹ Donnez votre avis

a. Pour vous, le système des grandes écoles en France est bien trop difficile ? trop élitiste ? est-il juste ?

b. Est-ce que vous trouvez que c'est normal de travailler pour financer ses études ou est-ce que vous pensez que les étudiants doivent être aidés par leurs parents et/ou par l'État ?

c. Quels sont, à votre avis, les bénéfices d'un séjour d'études dans un pays étranger ?

d. Dans quel(s) pays aimeriez-vous faire des études ? Pourquoi ?

DEUX AMIES DANS UN RESTAURANT CHINOIS

– J'aime bien venir déjeuner ici à midi. Ça change des salades ou des sandwiches.

– C'est vrai… le poulet aux amandes était délicieux… tu recommences le travail à quelle heure ?

– À une heure et demie. On a encore cinq minutes.

– Après tout ce que tu m'as dit, je vois que ton nouveau boulot[1] te plaît vraiment. Tu as enfin trouvé exactement ce que tu voulais.

– Oui, et ce que j'apprécie le plus, tu vois, c'est l'ambiance. Mes collègues sont vraiment sympas. J'ai l'impression d'avoir été tout de suite acceptée… mais il ne faut pas oublier que j'ai seulement un CDD[2] de 6 mois. J'espère qu'après il vont me garder et me donner un CDI[3].

– Si tu fais bien ton travail, ils vont te garder

– Ouais, c'est ce que je pense aussi… *(s'adressant au serveur)* l'addition s'il vous plaît ! C'est moi qui t'invite !

– Ah ! non c'est moi ! J'insiste ! Regarde, j'ai des tickets restaurants.

– Bon d'accord, mais la prochaine fois ce sera moi !

– D'accord ! quand tu seras chef d'entreprise.

– Eh oui ! bientôt ! Tu imagines, dans un mois j'ouvre ma boutique !

– On fêtera ça ! En attendant, on boit une dernière fois à nos succès futurs !

– Tchin ! Tchin !

---

1. Travail (familier).
2. Contrat à durée déterminée.
3. Contrat à durée indéterminée.

INFORMATIONS

LES SECTEURS D'ACTIVITÉS

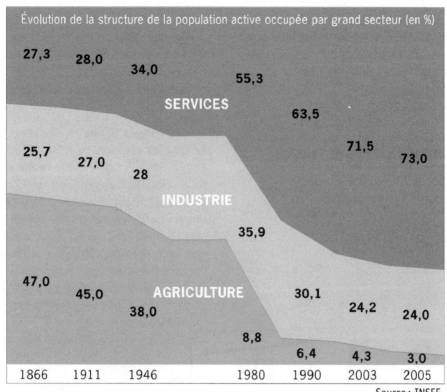

Évolution de la structure de la population active occupée par grand secteur (en %)

SERVICES : 27,3 ; 28,0 ; 34,0 ; 55,3 ; 63,5 ; 71,5 ; 73,0

INDUSTRIE : 25,7 ; 27,0 ; 28 ; 35,9 ; 30,1 ; 24,2 ; 24,0

AGRICULTURE : 47,0 ; 45,0 ; 38,0 ; 8,8 ; 6,4 ; 4,3 ; 3,0

1866 — 1911 — 1946 — 1980 — 1990 — 2003 — 2005

Source : INSEE.

► **Les entreprises**

Même si près d'un Français sur 4 déclare qu'il voudrait créer une entreprise, beaucoup moins passent à l'action : les formalités administratives et surtout les financements restent des obstacles majeurs. Les Français ont de la sympathie pour les PME, petites et moyennes entreprises de moins de 250 salariés, mais ont une mauvaise opinion des grandes entreprises : ils pensent que celles-ci ne défendent pas l'intérêt de leurs salariés mais cherchent surtout le profit pour satisfaire leurs actionnaires. Les entreprises multinationales ont trop souvent une mauvaise image dans une France inquiète des conséquences de la mondialisation.

► **CDD ou CDI ?**

Un contrat à durée déterminée garantit l'emploi pour une période fixée à l'avance mais le contrat à durée indéterminé, qui est sans limite de temps, offre un emploi à plus long terme.

► **Les fonctionnaires**

En un siècle, le secteur public s'est beaucoup développé. L'État employait 6 % des actifs[1] en 1936, 23 % aujourd'hui, dans les domaines de la santé, l'armée, les transports, la police, etc., et surtout l'éducation (1,6 million de salariés !). Les avantages dont bénéficient les fonctionnaires, employés de l'État, sont enviés par le reste des salariés : garantie de l'emploi, charges sociales moins élevées, primes[2], retraite plus avantageuse. La peur de perdre ces privilèges est à l'origine de nombreuses grèves, surtout dans les transports.

1. Personnes qui ont une activité professionnelle.
2. Argent qu'on donne pour encourager, aider ou récompenser quelqu'un.

► Les RTT

L'apparition des « RTT » (Récupération du temps de travail) est une des conséquences de la loi Aubry (1999) : s'il a travaillé plus de 35 heures, un salarié se constitue un crédit de jours de congé* qu'il peut prendre, en accord avec son employeur, quand il le désire : du temps libre supplémentaire que les Français apprécient. Cependant, certains préfèrent échanger ces jours de congé contre de l'argent.

* Jours où on ne travaille pas.

DIMINUTION DU TEMPS DE TRAVAIL
Évolution du nombre d'heures travaillées par semaine
1919 : 48 heures 1936 : 40 heures 2000 : 35 heures (loi Aubry)

► Le SMIC

C'est le salaire minimum interprofessionnel de croissance. Il garantit un salaire minimum qui est régulièrement « réévalué », c'est-à-dire augmenté, selon l'évolution des prix et la croissance économique. Au 1er janvier 2007 il était de 8,27 euros de l'heure*. Pour 38 heures de travail par semaine, un « smicard » (une personne qui est au SMIC) gagnait 1 254 euros brut*.

* Salaire « brut », c'est-à-dire avant déduction des charges sociales.

► Les congés payés

Ce sont les vacances payées par l'employeur à ses employés (« congé » est le terme utilisé dans la juridiction du travail). C'est en 1936 que pour la première fois les travailleurs de toutes catégories ont pu partir en vacances tout en continuant à percevoir leur salaire. La classe ouvrière a découvert les plages, les campings, le temps libre... les vacances se sont démocratisées. Aujourd'hui les Français ont 5 semaines de congés payés (2 jours et demi de congés par mois de travail effectif).

Les salariés des entreprises qui n'ont pas de cantine reçoivent des chèques-restaurant pour déjeuner à l'extérieur. Leur employeur paie la moitié du repas.

ÉCOUTEZ ET RÉPONDEZ

a. Dites où se passe cette scène et à quel moment de la journée.

b. Quelles sont les relations entre ces deux personnes ?

c. Pourquoi est-ce qu'elles sont contentes ?

d. Qu'est-ce que vous savez de leur activité professionnelle ?

e. Comment est-ce qu'elles payent le restaurant ?

FAITES LE POINT

1 Observez

a. Regardez le schéma sur les secteurs d'activité. Observez le secteur de l'agriculture. Que s'est-il passé depuis la fin du XIXᵉ siècle à nos jours ? Faites la même observation pour le secteur des services : que remarquez-vous ?

b. Est-ce que la France a un secteur industriel plus important qu'en 1866 ?

c. Aujourd'hui quel est le secteur d'activité le plus important en France ? le moins important ?

d. Qui bénéficie des chèques-restaurants ?

2 Connaissez-vous ces sigles ? Cochez la bonne réponse.

a. PME : ☐ Première Mesure d'Emploi
☐ Petite ou Moyenne Entreprise

b. SMIC : ☐ Salaire Minimum Interprofessionnel de Croissance
☐ Salaire Moyen Interprofessionnel Conseillé

c. RTT : ☐ Réduction du Temps de Travail
☐ Récupération du Temps Travaillé

d. CDI : ☐ Contrat D'emploi pour les Intérimaires
☐ Contrat à Durée Indéterminée

e. CDD : ☐ Contrat à Durée Déterminée
☐ Contrat D'emploi pour les Débutants

3 Répondez

a. Comment s'appelle un employé de l'État ?

b. Qu'est-ce que « les congés payés » ?

c. À partir de combien de salariés est-ce qu'on considère qu'une entreprise est grande ?
☐ + de 100 salariés ?
☐ plus de 250 salariés ?
☐ plus de 300 salariés ?

d. Est-ce que les Français ont une bonne opinion des entreprises multinationales en général ? Pourquoi ?

e. Comment fonctionne le système des RTT ?

4 Donnez votre avis

a. Comparez le nombre d'heures de travail par semaine et le nombre de semaines de congés payés en France et dans votre pays ? Est-ce qu'il y a une grande différence ?

b. À votre avis, est-ce qu'il est nécessaire de fixer un salaire minimum ou non ?

c. Est-ce qu'il existe un SMIC dans votre pays ? Si oui, quel est son montant ?

À L'AGENCE NATIONALE POUR L'EMPLOI

– Bonjour Monsieur.

– Bonjour Monsieur.

– Je vous écoute.

– Eh bien, voilà… j'ai perdu mon emploi il y a 3 mois

– Vous avez été licencié économique ?

– Oui, j'ai travaillé pendant 10 ans dans une entreprise d'électronique et maintenant je suis sans emploi. Je suis allé immédiatement à l'ANPE[1] et j'ai rempli les papiers pour avoir les indemnités de chômage[2], mais je n'ai rien reçu. Est-ce que c'est normal ? Je vous ai apporté mon dossier.

– Hum… vous êtes toujours à la même adresse ?

– Oui, oui… 5 allée des Roses à Boulogne-sur-Mer.

– Vous êtes marié, vous avez un enfant..

– Oui, c'est ça.

– Écoutez, votre dossier est complet. Je vais voir ce que dit l'ordinateur.

(Il tape sur son ordinateur.)

– Voilà… eh bien, je vois que le premier versement de vos indemnités va bientôt arriver.

– Ah ! bon, je vais recevoir de l'argent, quand ?

– Le 3 décembre… nous sommes le 28 novembre… donc dans cinq jours. Il faut attendre encore un peu. Vous allez recevoir 1 200 euros.

– Ah bon ! merci beaucoup… alors je n'ai rien à faire ?

– Non, non, c'est bon.

– Merci beaucoup, monsieur.

– Je vous en prie, au revoir, monsieur.

– Au revoir.

---

1. Agence Nationale pour l'Emploi.
2. Sommes versées à une personne qui a perdu son travail.

INFORMATIONS

La grève s'accompagne souvent de manifestations (« manif ») : les Français descendent dans la rue pour protester.

► La relation au travail

Les Français ne rêvent-ils qu'aux vacances, aux RTT, à la retraite ? Sont-ils toujours en grève ? Certains le pensent mais la réalité est plus complexe. Quand on leur demande ce qu'ils pensent du travail en général, 88 % estiment que c'est « quelque chose qui perd de sa valeur, que l'on respecte de moins en moins[1] » et une large majorité dit qu'elle est inquiète pour l'avenir.

Quand on interroge les actifs sur leur vie professionnelle, 75 % disent qu'ils sont heureux dans leur travail et souvent très fiers de leur profession[2]. Mais beaucoup ont peur du chômage. Le travail reste donc une valeur essentielle : il apporte l'indépendance financière et la considération sociale. La vie de famille, les amis, les loisirs sont aussi importants.

D'autre part les femmes ont de plus en plus une activité professionnelle : elles représentent presque la moitié de la population active. Pour elles l'équilibre à trouver entre la vie de famille et la vie professionnelle est souvent difficile. Le partage des tâches ménagères n'est pas encore vraiment une réalité dans les couples. Malheureusement, on constate que malgré la loi sur l'égalité des salaires, les femmes gagnent moins que les hommes.

1. Sondage Sofres, octobre 2003.
2. *L'Express*/BVA, février 2004.

► La grève

« Faire grève », « être en grève » signifie arrêter volontairement son travail pour exprimer des revendications qui n'ont pas été satisfaites. L'expression n'avait pas le même sens autrefois : « la place de Grève » à Paris – l'actuelle place de l'Hôtel-de-Ville – était le lieu où les personnes sans emploi s'assemblaient pour se mettre à la disposition d'éventuels employeurs. Elle était également le lieu des exécutions publiques. Le droit de grève a été accordé en 1864 et depuis les Français l'utilisent souvent.

► L'ANPE

La lutte contre le chômage est depuis des dizaines d'années la plus grande préoccupation du gouvernement français. En 1967 l'Agence nationale pour l'emploi a été créée pour aider les chômeurs à trouver du travail. Il faut s'y inscrire pour consulter les offres d'emploi, suivre un stage de formation et faire une demande pour obtenir les allocations de chômage qui sont versées par un organisme qui s'appelle l'Assedic*. On dit, familièrement, qu'on « touche les Assedics » quand on reçoit une allocation de chômage. Quand un chômeur ne touche plus d'indemnités, il peut recevoir, sous certaines conditions, le RMI, le revenu minimum d'insertion.

*Association pour l'emploi dans l'industrie et le commerce.

►**Chercher du travail :**
faut-il instituer des CV[1] anonymes ?

Est-ce qu'un candidat au nom arabe a cinq fois moins de chances d'être convoqué pour un entretien d'embauche[2] qu'un Français au nom « bien de chez nous », comme l'affirme le professeur Jean François Amadieu à la suite d'une enquête qu'il a menée ? Est-ce qu'un candidat de plus de 50 ans a quatre fois moins de chances par rapport à un jeune ? Est-ce qu'il faut alors instituer le « CV anonyme » ? Dans les réunions, les syndicats, les entreprises le débat est lancé : être obligé de cacher son identité pour trouver du travail dans la France républicaine, la France des droits de l'homme, est-ce que ce n'est pas reconnaître un échec[3] ? *failure*

Pourquoi ne pas s'attaquer aux racines de la discrimination au lieu de la contourner ? *go around*

Est-ce qu'il est normal de se cacher pour trouver du travail ?

Si on accepte l'idée du CV anonyme, pourquoi pas la discrimination positive avec obligation de « quotas » pour embaucher telle ou telle catégorie de la population ? *hire*

1. *Curriculum Vitae* : document qui résume votre situation familiale et votre expérience professionnelle.
2. Interview pour obtenir un travail.
3. le contraire d'une réussite.

Curriculum Vitæ

Ahmed Gaouda
Né le 25 juillet 1980 à Marseille
5 allée des roses   Célibataire
9200 Meudon.   Nationalité Française

FORMATION INITIALE

1998	Baccalauréat SES, Marseille
2001	Licence de Lettres
2003	Mastère en communication, CELSA, Paris

EXPERIENCE PROFESSIONNELLE

Depuis fév. 2005	Chef de produit junior, E.H.V.D, Paris
Avril 2004 à janvier 2005	CDD Assistant chef de produit sur le lancement d'un nouveau produit informatique. SYMIO (Paris)
Nov. 2003 à mars 2004	Stage au service « Études marketing » du groupe V.M.H.L.

LANGUES

Français (maternel)
Arabe marocain (langue seconde)
Anglais (bon niveau)

►**Le déclin des syndicats**

La France a le plus faible taux de syndicalisation de tous les pays industrialisés : environ 10 % des salariés sont syndiqués, deux fois moins qu'en 1980. Et pourtant les salariés sont bien défendus car 9 sur 10 sont protégés par les « conventions collectives », des accords entre la direction et les salariés sur les conditions de travail, qui défendent leurs droits.

En effet, les syndicats négocient avec la direction non pas seulement pour leurs adhérents, mais pour l'ensemble d'une catégorie professionnelle.

Les principaux syndicats
la CFDT (La Confédération Française Démocratique du Travail)
la CFTC (Confédération française des travaillleurs chrétiens)
la CGT (Confédération générale du Travail)
FO (Force Ouvrière)
la FEN (Fédération de l'Éducation Nationale).

Le taux de syndicalisation en Europe *(nombre de personnes actives en %, en 2003)*	
Belgique, Danemark, Finlande, Suède	80 à 90
Italie	70 à 80
Chypre, Malte	60 à 70
Luxembourg	50 à 60
Autriche, Slovénie	40 à 50
Irlande, Portugal, Hongrie	30 à 40
Allemagne, Royaume-Uni, Pays-Bas, Grèce, Slovaquie	20 à 30
Espagne, Pologne, Estonie, Lettonie	10 à 20
France	- de 10
	(d'après Francoscopie)

ÉCOUTEZ ET RÉPONDEZ

a. Quelle est la situation familiale de cet homme ?

b. Qu'est-ce qui s'est passé il y a trois mois ?

c. Pourquoi est-ce qu'il vient à l'ANPE ?

d. Qu'est-ce l'autre personne fait pour l'aider ?

e. Est-ce que l'entretien est positif ? Pourquoi ?

f. Pourquoi est-ce qu'il faut « patienter » ?

FAITES LE POINT

❶ Observez

a. Regardez le dessin : est-ce qu'on peut voir la même chose dans votre pays ? Dans quelles circonstances ?

b. Comparez le taux de syndicalisation en France à celui des autres pays européens.

❷ Vrai ou faux ?

	V	F
a. Les femmes représentent la moitié de la population active.	☐	☐
b. La majorité des Français disent qu'ils sont heureux dans leur travail.	☐	☐
c. La majorité des Français sont confiants dans l'avenir.	☐	☐
d. Le chômage est un grave problème en France.	☐	☐
e. Il existe une loi sur l'égalité des salaires hommes/femmes.	☐	☐

❸ Répondez

a. Que signifie ANPE ? À quoi sert cet organisme ?

b. Quelles difficultés est-ce que les femmes rencontrent dans leur travail et à la maison ?

c. Pourquoi est-ce qu'on pense à la possibilité de faire des CV anonymes ?

d. Quels arguments est-ce qu'on peut donner contre l'utilisation des CV anonymes ?

e. Quel est le pourcentage des personnes qui sont syndiquées en France ?

f. Qu'est-ce qu'une « convention collective » ?

g. Qu'est-ce que le RMI ?

❹ Donnez votre avis

a. Est-ce que le travail occupe une place très importante dans votre vie ? Expliquez.

b. Quel est le pourcentage de femmes dans la population active de votre pays ?

c. Est-ce que les femmes qui travaillent dans votre pays rencontrent les mêmes difficultés que les Françaises ?

d. Êtes-vous pour ou contre les « quotas » et la discrimination positive dans le domaine du travail pour les femmes ? les handicapés ? les minorités ?

e. Est-ce que les indemnités de chômage existent dans votre pays ? Est-ce qu'elles sont trop élevées ou pas assez élevées ?

f. Est-ce que vous pensez que le droit de grève est très important ?

g. Est-ce que les syndicats doivent avoir un rôle essentiel à jouer ?

DANS LE TGV

– Excusez-moi, est-ce que vous savez si le train s'arrête entre Lyon et Marseille ?

– Je ne sais pas, désolé. J'ai l'habitude de faire le trajet Paris-Lyon, mais je ne vais jamais plus loin. Pourquoi ?

– J'ai un billet Paris-Marseille, mais finalement j'aimerais bien descendre à Nîmes. Une amie, que je n'ai pas vue depuis longtemps et qui habite à Nîmes m'a téléphoné. Elle veut me voir. Alors, si je peux descendre avant Marseille, je changerai d'itinéraire… Normalement je dois aller jusqu'à Marseille pour prendre ensuite le bateau pour la Corse, mais je peux changer mes réservations.

– La Corse ! vous avez de la chance, j'adore cette région… « l'île de Beauté »… c'est vrai que c'est beau, la Corse. Vous êtes en vacances ?

– Oui, j'ai un frère qui habite en Corse. J'y vais souvent pour me reposer. Mais j'ai envie de changer de programme maintenant que je sais que cette amie est à Nîmes.

– Oui, je comprends… vous pouvez demander au contrôleur. Il va vous dire si le train s'arrête à Nîmes.

– Oui, c'est ce que je vais faire… Et vous, vous n'êtes pas en vacances apparemment : je vois que vous travaillez sur votre ordinateur.

– Oui, je travaille. J'ai des clients à Lyon. C'est vraiment pratique le TGV : je pars le matin tôt de Paris et deux heures après je suis à Lyon. Et je peux rentrer le soir chez moi, à Paris.

– Le TGV a vraiment remplacé l'avion.

– Pour les hommes d'affaires, c'est certain. Et puis c'est confortable et on peut travailler tranquille… Vous voulez prendre un café ? On rencontrera peut-être le contrôleur.

– Avec plaisir.

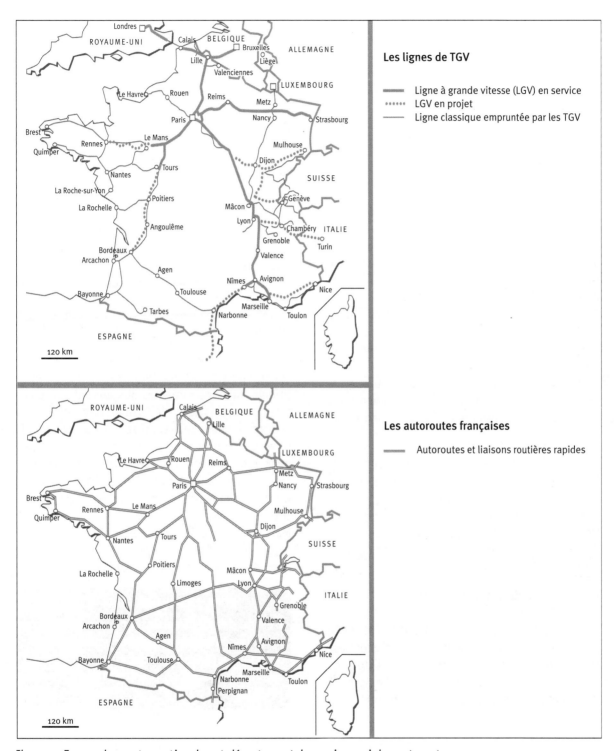

Les lignes de TGV

━━━ Ligne à grande vitesse (LGV) en service
••••• LGV en projet
─── Ligne classique empruntée par les TGV

Les autoroutes françaises

═══ Autoroutes et liaisons routières rapides

Il y a en France des routes nationales et départementales mais aussi des autoroutes,
certaines payantes, d'autres gratuites. La vitesse y est limitée à 130 km à l'heure.

► **Le TGV**

Depuis 1937, date de création de la SNCF (Société nationale des chemins de fer français), le réseau ferroviaire s'est développé jusqu'à former une grande toile d'araignée dont le centre est Paris. Avec l'arrivée du TGV en 1981, le service a gagné en confort et rapidité: le Train à Grande Vitesse est vraiment une réussite de la technologie française.

Sa forme aérodynamique, son confort et surtout sa vitesse (il peut aller à plus de 400 km à l'heure) ont conquis plus d'un milliard de voyageurs en 2005. Trois heures seulement pour relier Paris à Marseille, une sérieuse concurrence pour les lignes aériennes. La France a maintenant le réseau de voies ferrées à grande vitesse le plus dense du monde avec celui du Japon.

Cependant les écologistes s'inquiètent de voir la construction des nouvelles voies ferrées spécialement faites pour le TGV car elles détruisent le paysage. Sur ces voies le TGV roule à pleine vitesse alors que sur les voies classiques, il va beaucoup moins vite. C'est l'éternel problème des conséquences du progrès sur l'environnement.

► **Le tunnel sous la Manche**

Catastrophe financière, mais exploit technique, il a permis à des millions d'automobilistes de faire Paris-Londres en voiture et, pour ceux qui préfèrent le train, de prendre l'Eurostar à la gare du Nord et d'arriver 2 heures plus tard en plein centre de Londres, à la gare de Waterloo. Une concurrence certaine pour l'avion. *rival*

► **Le moyen de transport préféré des Français**

C'est la voiture, bien sûr: 85 % l'utilisent, et le second mode de déplacement le plus fréquent est la marche à pied (45 %). Très individualistes, les Français, non? quand on pense que seulement 24 % prennent des transports en commun!

► **Le permis à points**

On peut passer son permis de conduire à partir de l'âge de 18 ans, après avoir suivi des cours d'Auto-école. On obtient tout d'abord un permis «probatoire» avec 6 points seulement, mais après trois ans sans accident responsable, on a un permis à 12 points. Chaque infraction au code de la route (excès de vitesse, refus de priorité, etc.) enlève des points: un, deux, trois selon la gravité. Quand on a perdu tous ses points, on doit repasser son permis.

· 1653 LMT 75 ·

Sur une place d'immatriculation de voiture, les deux derniers chiffres sont le numéro du département où la voiture a été immatriculée: ici 75 indique que la voiture est de Paris. *registered*

► **Un particularité bien française**

Il est traditionnel que le président de la République, dans les semaines qui suivent son élection, «amnistie» les amendes dues au stationnement. Cela signifie que les automobilistes qui n'ont pas réglé leurs amendes n'ont plus besoin de le faire. On oublie tout pour recommencer une nouvelle année. C'est une sorte de «grâce présidentielle» toujours très attendue... tous les 5 ans!

Mais en 2007, cette tradition a été rompue, et il n'y a pas eu d'amnistie pour les infractions au code de la route, même les plus petites.

DEVINETTE

C'est le deuxième plus grand aéroport d'Europe, le septième du monde, pour le nombre de passagers. Il est situé au nord de Paris. Il porte le nom d'un président français très célèbre.

ÉCOUTEZ ET RÉPONDEZ

a. Est-ce que ces deux personnes se connaissent ?

b. Où est-ce qu'elles vont ?

c. Qu'est-ce que la femme veut savoir ?

d. Pourquoi est-ce qu'elle veut changer d'itinéraire ?

e. Pourquoi est-ce que cet homme prend le train ?

f. Qu'est-ce qu'il pense du TGV ?

FAITES LE POINT

1 Observez

a. Regardez la carte de France. Où est Nîmes ? Où est la Corse ?

b. Quel renseignement nous donne la plaque d'immatriculation d'une voiture ? Comment ?

c. Regardez la carte des lignes du TGV. Que remarquez-vous ? Où est-ce qu'il manque des lignes de TGV ?

d. Regardez la carte des autoroutes. Quelles ressemblances est-ce que vous trouvez entre les deux cartes ?

2 Complétez

a. On peut aller de Paris à Londres en train grâce à _____.

b. Le moyen de transport préféré des Français est _____.

c. La France a le réseau de _____ le plus dense du monde.

d. Quand le président de la République est élu, il y a une _____ pour les amendes de stationnement. Mais en 2007, la tradition n'a pas été respectée.

3 Répondez aux questions

a. Trouvez la réponse à la devinette.

b. Que signifie « TGV » ?

c. Pourquoi est-ce que les voyageurs apprécient le TGV ?

d. Quel est le deuxième moyen de transport le plus utilisé par les Français ?

e. Quel est l'âge minimum pour passer son permis de conduire en France ?

f. Quelle est la limite de vitesse sur les autoroutes en France ?

4 Donnez votre avis

a. Qu'est-ce que vous pensez de « l'amnistie » des amendes de stationnement, et de l'arrêt de cette tradition en 2007 ? Est-ce qu'il existe la même chose dans votre pays, ou quelque chose de comparable ?

b. Qu'est-ce que vous pensez de la réaction des écologistes concernant le TGV ?

c. Quel moyen de transport est-ce que vous prenez le plus souvent ? Pourquoi ?

d. Quel moyen de transport est-ce que vous préférez ? Pourquoi ?

e. Qu'est-ce que vous pensez du système de « permis à points » ? Est-ce que vous avez le même système dans votre pays ?

f. À combien faut-il limiter la vitesse sur les autoroutes, à votre avis ?

À LA MAISON, DEUX SŒURS SE DISPUTENT

Louise – Ariane, tu peux me passer les ciseaux ?

Ariane – Pour quoi faire ?

Louise – Pour découper quelque chose dans le *Elle*…

Ariane – Tu veux découper quelque chose dans MON *Elle*, que j'ai acheté avec MON argent et que je n'ai même pas eu le temps de lire !… Tu exagères ! mais qu'est-ce que tu veux découper d'abord ?

Louise – Mon horoscope. Je voulais le montrer à Clémentine. Ce matin on l'a lu dans *Métro* et ce qu'ils écrivent est exactement le contraire de tout ce qu'ils disent dans TON *Elle*.

Ariane – Dans quel journal ?

Louise – Dans *Métro*, je te dis, dans le journal *Métro*.

Ariane – Ah, je croyais que tu étais dans le métro.

Louise – Ben, oui, j'étais dans le métro et je lisais *Métro*, c'est logique !

Ariane – Très drôle…

Louise – Eh oui, moi je n'ai pas l'argent pour m'acheter trois magazines par semaine mais je m'informe grâce aux journaux gratuits.

Ariane – Pauvre petite fille ! En tous cas, moi je gagne de l'argent et je m'achète des magazines et j'aimerais bien pouvoir lire MON magazine avant que tu le découpes en petits morceaux.

Louise – Tu sais, dans *Métro* ils annoncent : « le climat familial sera excellent ». Et dans TON *Elle* ils disent : « Problèmes familiaux en perspective ». Eh, bien, j'ai ma réponse : C'est *Elle* qui a raison !

INFORMATIONS

note

► **La presse en France**

Mais quelle presse ? Les quotidiens ou les magazines ? Les nationaux ou les régionaux ? Il faut tout d'abord <u>constater</u> que le nombre de lecteurs de la presse quotidienne nationale a commencé à diminuer très nettement depuis 1970. Aujourd'hui, seulement moins d'un Français sur cinq lit régulièrement un journal national... et le plus lu est *L'Équipe*, un journal de sport, avant *Le Monde*, *Le Figaro* et *Libération*, journaux d'actualité.

Depuis 1916 le *Canard Enchaîné,* publication hebdomadaire, occupe une place très spéciale dans la presse française : sa spécialité est la satire des hommes politiques et de l'actualité nationale et internationale.

Très peu de Français sont abonnés* : ils ont plutôt l'habitude d'acheter leur journal dans un kiosque ou chez le marchand de journaux. La <u>concurrence</u> de la télévision et Internet est forte, mais aussi celle des magazines car les Français lisent beaucoup plus de magazines que de journaux. Il en existe une variété extraordinaire et leur nombre continue à progresser. Enfin, les journaux sont chers, ce qui explique aussi peut-être le succès des journaux gratuits.

La presse régionale a un peu plus de lecteurs que la presse nationale : quatre Français sur 10 la lisent. Contrairement à ce qu'on pourrait penser, le régional le plus lu n'est pas *Le Parisien* mais *Ouest-France.*

* Quand une personne est «abonnée», elle reçoit son journal ou son magazine directement chez elle.

Quelle opinion avez-vous des quotidiens gratuits (*20 minutes* ou *Métro*) ?		
1. Ils permettent à certaines personnes de lire des journaux alors qu'elles n'en achèteraient pas autrement.	D'ACCORD	75 %
	PAS D'ACCORD	5 %
	SANS OPINION	20 %
2. Ils sont un bon moyen de s'informer de manière simple et rapide.	D'ACCORD	64 %
	PAS D'ACCORD	10 %
	SANS OPINION	26 %
3. Leur financement complet par la publicité n'est pas une bonne chose pour l'information.	D'ACCORD	36 %
	PAS D'ACCORD	37 %
	SANS OPINION	27 %
4. Personnellement je fais davantage confiance aux journaux payants.	D'ACCORD	34 %
	PAS D'ACCORD	41 %
	SANS OPINION	25 %

(Sondage sur les quotidiens gratuits réalisé par TNS Sofres, 26 et 27 janvier 2005)

Les magazines les plus lus

ACTUALITÉ

1. *Paris Match*
2. *Sélection du Reader's Digest*
3. *Le Nouvel Observateur*
4. *Capital*
5. *L'Express*
6. *Le Figaro Magazine*

FÉMININS/MASCULINS/FAMILLE

1. *Version Femina*
2. *Femme Actuelle*
3. *Santé Magazine*
6. *Top Santé*
5. *Notre Temps*
6. *Voici*

TAUX DE CRÉDIBILITÉ DES MÉDIAS

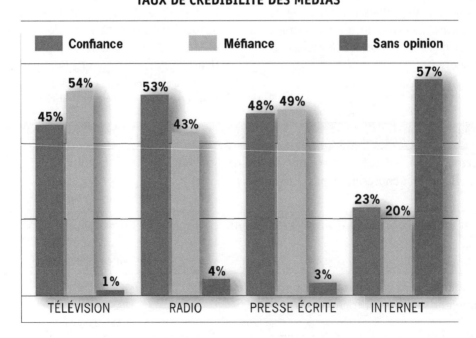

Confiance — Méfiance — Sans opinion

- TÉLÉVISION : 45% / 54% / 1%
- RADIO : 53% / 43% / 4%
- PRESSE ÉCRITE : 48% / 49% / 3%
- INTERNET : 23% / 20% / 57%

ÉCOUTEZ ET RÉPONDEZ

a. Pourquoi est-ce que Louise demande des ciseaux à sa sœur Ariane ?

b. Qui a acheté le *Elle* ?

c. Qu'est-ce que le *Métro* ?

d. Pourquoi est-ce qu'Ariane n'aime pas ce que fait sa sœur ?

e. L'horoscope de *Elle* est plus optimiste ou plus pessimiste que l'horoscope de *Métro* ?

FAITES LE POINT

❶ Observez et répondez

a. Observez le tableau du taux de crédibilité des médias : pour chaque média, donnez le degré de confiance des Français en les numérotant de 1 à 4 (1 = le maximum de confiance, 4 = le minimum de confiance).

b. Quels magazines connaissez-vous dans ceux qui sont cités ? Est-ce que vous connaissez des équivalents de ces magazines dans votre pays ? Lesquels ?

c. Lisez le sondage sur les journaux gratuits et résumez l'opinion des Français.

❷ Cochez la bonne réponse

a. ☐ Les Français lisent plus de magazines que de journaux ?
☐ Les Français lisent plus de journaux que de magazines ?

b. Les Français achètent leurs journaux ou leurs magazines :
☐ dans les kiosques ?
☐ chez les marchands de journaux ?
☐ par abonnement ?

c. ☐ Le magazine d'actualité le plus lu est *Le Nouvel Observateur* ?
☐ Le magazine d'actualité le plus lu est *Paris Match* ?

d. ☐ Le quotidien national le plus lu est *L'Équipe* ?
☐ Le quotidien national le plus lu est *Le Monde* ?

❸ Répondez aux questions

a. Qu'est ce qui se passe dans la presse écrite en France depuis quelques années ?

b. Comment est-ce qu'on explique ce phénomène ?

c. Est-ce que la presse régionale a plus de succès que la presse nationale ? Pourquoi, à votre avis ?

❹ Donnez votre avis

a. Que pensez-vous des journaux gratuits ? Est-ce qu'il en existe dans votre pays ? Quels sont leurs titres ? Est-ce que vous les lisez ?

b. Est-ce que vous préférez les magazines ou les journaux ? Pourquoi ?

c. Est-ce que vous préférez acheter des journaux et des magazines dans un kiosque ou un marchand de journaux ou être abonné(e) ? Pourquoi ?

d. Est-ce que vous avez plus confiance dans les informations données à la télévision ou dans la presse écrite ? Pourquoi ?

e. Est-ce qu'il y a trop de publicités dans la presse selon vous ?

À LA MAISON, UN FRÈRE ET UNE SŒUR DISCUTENT

– Qu'est-ce qu'il y a ce soir à la télé ?
– Je crois qu'il y a un match de foot sur la une, Saint-Étienne contre Bordeaux
– Et sur les autres chaînes ?
– Un bon film sur Canal +, *La Marche de l'empereur*.
– C'est sur Napoléon ?
– Mais non, banane[1] ! c'est un documentaire sur les pingouins, au pôle Sud.
– Bon, je vois, c'est pas le genre de film que j'aime.
– Sur France 2 il y a un débat politique.
– Non merci !
– Sur Arte, de l'opéra…
– Pas pour moi, et sur M6 ?
– Écoute ! Je ne vais pas lire tout le programme ! Regarde le *Télérama*[2],
moi de toute façon, je sors ce soir. Les parents rentrent très tard, alors tu fais ce que tu veux.
– Ah bon ! tu sors ? Où ?
– Je vais passer la soirée chez Mathilde !
– Pourquoi ?
– Elle a le câble[3], elle.
– Le câble ?
– Ben oui, elle peut avoir les chaînes du monde entier
– Mathilde, câblée ? je savais qu'elle était branchée[4], mais je ne savais pas qu'elle était câblée !
– Très drôle.

---

1. Idiot (familier). 2. Magazine culturel. 3. Système qui permet d'avoir des chaînes de tous les pays. 4. À la mode (familier).

INFORMATIONS

► **La télévision française**

Chaînes publiques
Arte
France 2
France 3
France 5
TV5
France 24
Chaînes privées
TF1
Canal +
M6

Arte
Chaîne franco-allemande qui est aussi associée à d'autres télévisions publiques en Europe. Elle diffuse des émissions à caractère culturel et international.

France 2
Chaîne généraliste. C'est la meilleure chaîne pour le sport.

France 3
Chaîne qui produit et diffuse des émissions régionales.

France 4
Chaîne qui fait découvrir les spectacles (culturels ou sportifs) et qui passe des séries et des films.

France 5
Chaîne qui produit et diffuse des émissions éducatives

TV5
Chaîne française canadienne suisse et luxembourgeoise qui diffuse à l'étranger des émissions en français produites par d'autres chaînes francophones.

CFI (Canal France International)
Chaîne française de la coopération internationale : elle offre des programmes à de nombreuses chaînes partenaires dans le monde, notamment en Afrique.

TF1
La chaîne généraliste qui a la plus grande audience : son journal télévisé et les jeux sont très regardés.

Canal +
Chaîne payante qui diffuse beaucoup de films.

M6
Chaîne très regardée par les jeunes qui aiment les clips musicaux ainsi que les séries et fictions américaines.

France 24
La nouvelle chaîne d'information continue francophone qui veut rivaliser avec les grandes chaînes internationales.

Grâce au câble ou au satellite et à la TNT (télévision numérique terrestre) les Français ont encore un plus grand choix et peuvent regarder les chaînes du monde entier.

► **Le petit écran**
En 2006, les Français ont passé trois cent vingt-quatre heures à regarder la télévision. C'est beaucoup. Et pourtant plus d'un Français sur deux dit qu'il n'est pas satisfait des programmes.

Comment expliquer cette contradiction ? Une hypothèse : même s'ils critiquent sévèrement les émissions, ils les regardent... et plus de la moitié les regardent en prenant leur repas. Même s'ils ne font pas entièrement confiance à la télévision comme source d'information, ils dînent généralement à l'heure du journal télévisé (20 heures)... et apparemment les mauvaises nouvelles ne les empêchent pas d'apprécier leur repas !

Les Français absorbent aussi beaucoup de publicités : on estime qu'en regardant la télévision, chaque Français est exposé chaque jour en moyenne à 61 messages publicitaires. Heureusement le journal télévisé n'est coupé par aucune publicité.

Sur les chaînes privées, les films peuvent être interrompus seulement une fois par une série de spots publicitaires. Une fois par an, il faut payer la « redevance audiovisuelle », une taxe obligatoire qui aide à financer à 61 % les chaînes publiques.

ratings

► **Qu'est-ce que l'audimat ?**
C'est un système qui permet de comptabiliser le nombre de téléspectateurs qui regardent une émission, et donc d'en estimer le succès populaire.

PETITE TYPOLOGIE DES FRANÇAIS FACE À LEUR TÉLÉVISION

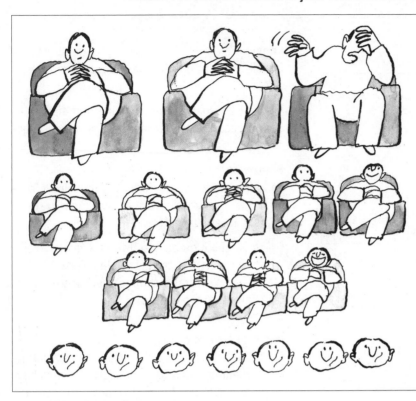

Un Français sur trois.
Ils pensent que
les programmes
continuent à se dégrader.

Un Français sur cinq.
Ils pensent
comme les frustrés
mais ils acceptent
ce qu'on leur donne.

Un quart des Français.
Très satisfaits
des programmes qui,
selon eux, s'améliorent.

Tous pensent
que le niveau s'améliore
mais n'est pas totalement
satisfaisant.

D'après *Télérama*, 2005.

► **La radio**

Elle est présente chez pratiquement tous les Français. On l'écoute beaucoup le matin, à la maison en prenant son petit déjeuner ou en voiture, et le soir entre 17 heures et 18 heures Deux Français sur trois disent qu'ils écoutent la radio surtout pour la musique. Les émissions interactives, qui permettent aux auditeurs de participer, sont aussi très populaires.

La radio est plus écoutée au nord, surtout en Ile-de-France et en Alsace, qu'au sud de la France. L'autorisation de créer des « radios libres » (radios locales privées) en 1982 a marqué un tournant important dans l'histoire des radios en France : elle a permis à des auditeurs de partager leurs centres d'intérêt au niveau régional ou local. Aujourd'hui il existe une grande variété de ces radios.

LES PRINCIPALES RADIOS

Radios généralistes
RTL, France Inter, Europe 1, RTL2, RFI...

Radios musicales
France Musique, NRJ, Skyrock,
Chérie FM, Nostalgie...

Radios thématiques
France Culture, France Info...

ÉCOUTEZ ET RÉPONDEZ

a. Quelles sont les relations entre ces deux personnes ?

b. De quoi parlent-ils ?

c. Que va faire la jeune fille ?

d. Pourquoi est-ce que le garçon n'est pas content ?

e. Réécoutez le dialogue et notez les informations que donne la jeune fille sur le programme des différentes chaînes.

FAITES LE POINT

❶ Observez

a. Situez Saint-Étienne et Bordeaux sur une carte de France.

b. Regardez « La petite typologie des Français face à leur télévision ». À quelle description (A, B, C, D) correspond « Les philosophes » ? « les comblés » ? « les frustrés » ? « les jamais contents » ?

c. D'après ce tableau, est-ce que les Français sont plus satisfaits de la télévision qu'insatisfaits ou le contraire ?

❷ Vrai ou faux ?

	V	F
a. Il existe 4 chaînes publiques en France.	☐	☐
b. Le journal télévisé n'est pas interrompu par des publicités.	☐	☐
c. Les Français font totalement confiance à la télévision comme source d'information.	☐	☐
d. Beaucoup de Français écoutent la radio pour la musique.	☐	☐
e. Il existe beaucoup de radios locales.	☐	☐

❸ Répondez aux questions

a. Quelle(s) chaîne(s) de télévision et/ou station(s) de radio est-ce que vous pouvez conseiller aux personnes suivantes :
(1) un jeune de 24 ans qui aime le rock
(2) un couple âgé qui aime écouter les chansons de leur époque
(3) Un fou de football
(4) Un professeur qui utilise la télévision dans sa classe
(5) Un Français qui habite à l'étranger et qui veut regarder des émissions en français.
(6) Une personne qui s'intéresse aux problèmes de sa région.
(7) Quelqu'un qui aime les jeux.

b. Qu'est-ce que la redevance audiovisuelle ?

❹ Donnez votre avis

a. À votre avis, est-ce bien d'avoir des règles pour limiter la publicité à la télévision ?

b. Est-ce que cela vous semble excessif de passer 3 heures 24 minutes par jour devant la télévision ? Et vous, combien de temps y passez-vous ? Quelles émissions vous intéressent ? Quelles émissions vous semblent sans intérêt ?

c. Qu'est-ce que vous aimeriez voir plus souvent à la télévision ?

d. Est-ce vous écoutez beaucoup la radio ? Quand ? Qu'est-ce que vous écoutez ? Quelle station de radio française vous semble répondre à vos goûts ?

e. Est-ce que vous faites plus confiance à la radio qu'à la télévision comme source d'information ? Pourquoi ?

DEUX AMIES DISCUTENT ENSEMBLE

Charlotte – Ça y est ! je crois que j'ai trouvé l'appartement de mes rêves !

Elsa – Raconte !

Charlotte – Eh bien il est dans le quartier que j'aime : entre la place de la Bastille et la place de la Nation. Trois pièces, dernier étage, un petit balcon, très clair. Le quartier est très animé. En bas de l'immeuble, il y a une épicerie qui reste ouverte jusqu'à minuit, sauf le dimanche. Idéal ! Quand j'ai oublié quelque chose, je descends.

Elsa – Oui, mais fais attention, Charlotte, c'est généralement super cher ces petites épiceries…

Charlotte – Je sais… je ne vais pas faire toutes mes courses là, mais c'est bien pratique quand tout est fermé. À part ça, il y a un supermarché dans la rue d'à côté. Ça me suffit, je n'ai pas une famille nombreuse, je n'ai pas besoin de faire des courses monstrueuses dans un hypermarché, Dieu merci !

Elsa – Ça viendra peut-être un jour…

Charlotte – Peut être, mais pour l'instant on est deux et c'est bien comme ça.

Elsa – C'est pas dans ce quartier aussi qu'il y a un marché très connu ?…

Charlotte – Oui, le marché d'Alligre, tous les matins. Très coloré, vivant, pittoresque. C'est génial ! J'ai l'impression que les fruits et les légumes sont plus frais quand je les achète au marché. Et puis ça me rappelle le Sud. Quand j'habitais Nice et que j'allais au marché aux fleurs…

Elsa – Il fait vraiment plus froid ici.

Charlotte – Eh oui, hélas !… Rien n'est parfait !

INFORMATIONS

► Où faire ses courses ?

– Dans les commerces de proximité : chez les petits commerçants (épicier, boucher, boulanger, etc.).

– Dans les grandes surfaces : les supermarchés ou les hypermarchés* : alimentation, produits pour la maison, vêtements...

* Plus grands que les supermarchés, ils sont situés à la périphérie des grandes villes.

– Dans les marchés couverts ou en plein air : produits frais et ambiance animée.

– Dans les Grands Magasins : produits plus luxueux, (peu d'alimentation).
Attention ! horaires d'ouverture variables.

DÉPENSES DES MÉNAGES PAR ORDRE D'IMPORTANCE
1. Le logement
2. L'alimentation
3. Les transports
4. Les Loisirs/l'Education
5. Les vêtements
6. La santé

(Source : *Francoscopie* 2005)

En janvier et en juillet, les magasins «soldent» leurs produits à des prix beaucoup plus bas : c'est l'occasion de faire de bonnes affaires.

► Ouverture des magasins le dimanche : pour ou contre ?

Depuis la loi du 13 juillet 1906, le Code du travail impose le dimanche comme jour de repos obligatoire. Pourquoi le dimanche ? À cette époque, dans une France majoritairement catholique, le dimanche était le «jour du Seigneur», le jour où on allait à la messe. Aujourd'hui encore il est interdit aux magasins d'ouvrir plus de 5 dimanches par an, sauf s'ils sont situés dans une zone touristique et qu'ils vendent des « produits de loisirs».

DYI

puttering about

Malgré cette loi, on voit des hypermarchés de meubles ou de <u>bricolage</u> ouvrir le dimanche : ils paient une amende[2], mais sans doute pas suffisante pour les dissuader.

Alors, pour ou contre l'ouverture des magasins le dimanche ?

« Pour », disent ceux qui défendent la liberté du commerce et du consommateur (62 %)[1], mais à condition d'employer du personnel volontaire et de bien le payer. Ils pensent que cette mesure peut favoriser l'activité économique, créer des emplois. Ils croient aussi que les personnes qui travaillent toute la semaine seraient heureuses d'avoir tout le week-end pour faire les courses.

« Contre », disent les associations de petits commerçants qui ont peur de la concurrence des « grandes surfaces». «Contre» aussi ceux qui pensent que travailler le dimanche a des conséquences négatives sur la vie de famille et que c'est important de passer du temps avec ses proches, se promener, lire, faire du sport... faire

1. Enquête BVA, 21 nov. 2005.

autre chose que «consommer». Ils défendent un certain «art de vivre».

Il est amusant de noter que les personnes qui sont «pour» l'ouverture ajoutent que «personnellement» ils n'aimeraient pas travailler ce jour-là !...et pourtant la police, les transports, les hôpitaux, les journalistes, les boulangers, les cinémas, les théâtres, les restaurants travaillent ce jour-là, sans oublier les curés[3] !

2. Somme d'argent qu'on doit payer quand on n'a pas observé la loi. 3. Un curé est un prêtre catholique.

► Le commerce équitable

Et si on consommait différemment ? en achetant, par exemple, des produits qui portent le label* «Commerce équitable». Connaissez-vous ces produits qui ont été vendus tout d'abord dans les magasins de diététique : du riz, du café, du thé, du miel... et aussi des objets artisanaux pour la maison ? On les voit maintenant faire une timide apparition dans les rayons des supermarchés.

Ainsi les Français peu à peu découvrent, et approuvent, ce commerce qu'on appelle «équitable», car il offre de meilleurs prix d'achat aux producteurs – des petites entreprises familiales et des coopératives de pays pauvres – en payant leur travail à leur juste valeur et en supprimant les intermédiaires.

Résultat : le consommateur paie un peu plus cher, mais il sait que par son achat il contribue au développement de ces pays en difficulté. Le commerce équitable est aussi un commerce écologique, respectueux de l'environnement.

* Étiquette ou marque mise sur un produit pour en garantir l'origine ou la qualité

ÉCOUTEZ ET RÉPONDEZ

a. Pourquoi est-ce qu'Elsa est heureuse ?

b. Est-ce qu'elle vit seule ?

c. Qu'est-ce qu'elle trouve très pratique dans le quartier dont elle parle ?

d. Est-ce qu'elle a toujours habité à Paris ?

e. Pourquoi est-ce qu'elle aime les marchés ?

FAITES LE POINT

1 Observez

a. Regardez le tableau des postes de dépenses des Français ? Est-ce que vous êtes surpris(e) par des réponses ? Lesquelles ? Pourquoi ?

b. Pensez-vous qu'on aurait les mêmes réponses chez vous, dans votre pays ?

c. Et vous, personnellement, quel serait votre classement ?

2 Où acheter quoi ? Reliez les éléments (plusieurs possibilités).

a. Fruits et légumes •   • **1.** Grands Magasins

b. Produits de luxe •   • **2.** Supermarchés

c. Vêtements •   • **3.** Hypermarchés

d. Objets de décoration •   • **4.** Marchés

3 Répondez aux questions

a. Est-ce que les hypermarchés sont situés au centre ville ?

b. Que signifient les mots « grande surface » ? « commerce de proximité » ?

c. Que dit la loi pour l'ouverture des magasins le dimanche ?

d. Est-ce que tout le monde respecte la loi ? Donnez un exemple.

e. Est-ce que la majorité des Français sont pour ou contre cette loi ?

f. Quels sont les arguments pour l'ouverture des magasins le dimanche ? contre l'ouverture des magasins le dimanche ?

g. Est-ce que les produits du « commerce équitable » sont meilleur marché ? Pourquoi ?

4 Donnez votre avis

a. Aimez-vous faire les courses ? dans quels magasins ? Expliquez.

b. Pour l'alimentation, est-ce que vous préférez les commerces de proximité, les marchés ou les « grandes surfaces » ? Pourquoi ?

c. Aimez-vous « faire les soldes » ? Pourquoi ?

d. Est-ce que tous les magasins ferment le dimanche dans votre pays ?

e. Est-ce que vous pensez qu'en France on devrait ouvrir les magasins le dimanche ? Pourquoi ?

f. Est-ce que vous avez déjà vu les produits de commerce équitable ? En avez-vous acheté ? Que pensez-vous de ce type de commerce ? Peut-il se développer ?

À LA BANQUE

– Bonjour madame

– Bonjour monsieur. Je viens chercher mon nouveau carnet de chèques.

– Quel est votre numéro de compte s'il vous plaît ?

– 473642400.

– Je vais voir.

(Il part quelques minutes et revient avec le carnet de chèques.)

– Voilà…..je vais vous demander une petite signature, là.

– Oui.

– Très bien.

– Est-ce que je pourrais voir monsieur Lesage, s'il vous plaît ?

– Vous avez rendez-vous ?

– Non, mais comme je suis là, j'aimerais bien lui parler parce que j'ai l'intention d'acheter un studio et je voudrais avoir ses conseils et connaître les conditions à remplir <u>pour faire une demande de prêt</u>.

– Bien sûr… je vais voir s'il peut vous recevoir.

(Il part quelques minutes et revient.)

– Monsieur le Directeur est désolé, il ne peut pas vous recevoir maintenant, mais il sera libre jeudi à 10 heures, si vous le souhaitez.

– Jeudi ?… à 10 heures, d'accord ! Autre chose : j'ai besoin d'un RIB[1].

– Vous en avez un à la fin de votre carnet de chèques.

– Ah ! oui, j'avais oublié ! Une dernière chose : pouvez-vous me donner le solde[2] de mon compte s'il vous plaît ?

– Bien sûr… je reprends votre numéro de compte et je vous donne ça tout de suite.

(Il écrit le chiffre sur un papier et lui donne.)

– Aïe, Aïe, Aïe, <u>je suis à découvert</u>[3]. Ecoutez, je crois que je vais attendre un peu avant d'aller voir Monsieur Lesage.

– Comme vous voulez, madame.

– Merci, et au revoir monsieur.

– Au revoir, madame.

---

1. Relevé d'identité bancaire : ce document donne vos références bancaires. On vous le demande par exemple pour mettre (« virer ») votre salaire sur votre compte ou y faire des « prélèvements », c'est-à-dire pour prendre directement des sommes à payer (factures de téléphone, électricité, impôts…).
2. Ici le solde signifie le montant d'argent qui se trouve sur le compte ce jour-là.
3. Être à découvert signifie qu'il n'y a plus d'argent sur le compte ou que le compte est négatif, débiteur. La personne a dépensé plus qu'elle n'avait.

INFORMATIONS

L'écureuil, comme la fourmi[1], symbolise l'épargne[2]. Ce petit animal était déjà représenté sur le blason de Fouquet, le ministre des Finances de Louis XIV.

1. La fourmi : petit insecte qui travaille beaucoup et symbolise l'épargne dans une fable de La Fontaine.
2. Épargner = économiser, mettre de l'argent de côté.

L'euro, adopté par 13 pays européens[3], a remplacé le franc en janvier 2002. 100 centimes = un euro.
En 2007, l'Europe comptait 27 États membres.
Les pays récemment intégrés doivent satisfaire certaines conditions économiques avant de faire partie de la zone euro.

3. Le Royaume-Uni, le Danemark, la Suède, et d'autres pays qui ont intégré récemment l'Union européenne, ont gardé leur monnaie nationale.

Le billet le plus petit est de 5 euros, le plus grand est de 500 euros.

▶ « L'argent ne fait pas le bonheur », mais…

Parler d'argent reste un sujet tabou pour les Français et la plupart d'entre eux ne parlent jamais de leur argent. D'après les sondages (*L'Expansion/CSA*, mars 2003) seulement un Français sur deux communique le montant de son salaire à ses amis. Leur attitude envers l'argent est ambiguë : d'une part ils considèrent que l'argent tient une place trop importante dans la société et sont révoltés par les grandes différences de salaires – en particulier entre un PDG[1] et un ouvrier –, d'autre part, ils rêvent d'en gagner beaucoup, si ce n'est pas possible dans leur travail, en jouant au loto ou en participant à des jeux télévisés par exemple.

Fini le temps où l'on économisait son argent en le gardant chez soi dans un « bas de laine » ou sous son matelas. La France dispose de grandes banques – La Société Générale, la BNP Paribas, le Crédit Agricole – implantées dans le monde entier. Les Français ne sont pas encore prêts à utiliser uniquement les services d'une banque « en ligne » (sur Internet) : trop impersonnel. Le contact direct avec leur banquier est essentiel. La moitié des Français payent leurs achats avec leur carte de crédit, et encore 14 % utilisent le chèque comme mode de paiement[2].

1. PDG : Président-Directeur Général.
2. Enquête Atelier Groupe BNP/Paribas, 18 octobre 2005.

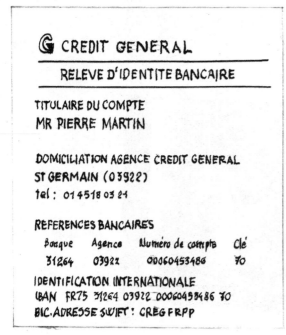

Le relevé d'identité bancaire (RIB) est un document très utile qui donne les références bancaires (nom, adresse, numéro de la banque, numéro de compte…) permettant de faire des virements (transferts d'argent de compte à compte) ou des prélèvements (pour payer par exemple directement le téléphone ou l'électricité).

▶ Argent de poche :

Les parents français sont-ils « radins[3] » ?

Un étude européenne montre que beaucoup de parents français ne donnent pas d'argent de poche à leurs enfants et que, s'ils en donnent, ce sont des sommes inférieures à celles pratiquées par les autres pays européens… mais ils sont beaucoup plus nombreux que la moyenne des parents européens à faire des achats avec et pour leurs enfants et à les aider financièrement à s'installer dans la vie.

D'après une étude Ipsos, 2003.

3. Mot familier pour décrire une personne qui n'est pas généreuse et n'aime pas dépenser de l'argent.

SONDAGE « LES FRANÇAIS ET L'ARGENT »

QUESTION

Pour vous, l'argent c'est avant tout… ?

	ENSEMBLE DES FRANÇAIS (%)
La sécurité	52
La liberté	24
Un symbole de réussite sociale	9
Le pouvoir	6
La reconnaissance	6
Rien de tout cela	2
Ne se prononce pas	1
Total	**100**

QUESTION

Lorsque vous disposez d'un peu d'argent, vous vous dites… ?

	ENSEMBLE DES FRANÇAIS (%)
Je vais l'épargner pour quand j'en aurai besoin	43
Je vais le dépenser pour en profiter maintenant	27
Je vais le placer pour le faire fructifier	15
Je vais en donner à ceux qui en ont besoin	13
Rien de tout cela *(réponse suggérée)*	1
Ne se prononce pas	1
Total	**100**

D'après une enquête CSA/Reader's Digest, 2004.

ÉCOUTEZ ET RÉPONDEZ

a. Quelles sont les quatre choses que cette cliente vient faire ou demander à la banque ?

b. Est-ce que l'employé de banque est aimable et efficace ? Comment ?

c. Qui est Monsieur Lesage ?

d. Pourquoi veut-elle le voir ?

e. Quel jour et à quelle heure est-ce que le rendez-vous est fixé ?

f. Pourquoi est-ce qu'elle change d'avis ?

FAITES LE POINT

1 Observez

a. Lisez le sondage sur les Français et l'argent. D'après ces informations, est-ce que la société française valorise beaucoup les personnes riches ? Les Français sont-ils plutôt économes ou dépensiers ? Est-ce qu'ils pensent beaucoup à l'avenir ?

b. En France, quels sont les deux animaux qui symbolisent l'épargne ? Pourquoi ? Est-ce que c'est la même chose dans votre pays ou est-ce qu'il y a d'autres animaux qui symbolisent l'épargne ? Lesquels ?

c. Est-ce que l'euro est la monnaie de tous les pays de l'Union européenne ?

d. Quelles informations donne le RIB ?

2 Vrai ou faux ?

	V	F
a. Il existe un billet de 2 euros.	☐	☐
b. Les Français paient presque toujours en argent liquide.	☐	☐
c. Les Français n'aiment pas parler de leur salaire.	☐	☐
d. Les petits Français n'ont pas beaucoup d'argent de poche.	☐	☐
e. Les Français aiment les jeux d'argent.	☐	☐

3 Répondez

a. Citez le nom de deux grandes banques françaises.

b. Est-ce que les Français utilisent beaucoup les « banques en ligne » (sur Internet) ? Pourquoi ?

c. En ce qui concerne les salaires, qu'est-ce qui révolte les Français ?

d. Quels sont les moyens de paiement les plus courants en France ?

4 Donnez votre avis

a. Est-ce que la discrétion des Français concernant leur argent vous semble normale ou ridicule ? Est-ce que les personnes ont la même attitude dans votre pays ? Et vous ?

b. Répondez aux questions du sondage. Est-ce que vous pensez qu'il est important de donner de l'argent de poche aux enfants ? Si oui, à partir de quel âge ? jusqu'à quel âge ? régulièrement ou irrégulièrement ? Pourquoi ? Est-ce qu'il faut leur donner de l'argent pour un service rendu ? pour de bons résultats scolaires ? ou sans raison ?

DEUX AMIS DISCUTENT

– C'est décidé, je vais arrêter de fumer.

– Martin, tu m'as déjà dit ça quatre ou cinq fois.

– Oui, mais cette fois, c'est sûr.

– Et comment est-ce que tu vas faire ?

– Je vais aller voir mon médecin et discuter avec lui et il me dira quelle est la meilleure méthode pour moi.

– Tu as vu, à la télévision il y a plein de publicités pour les patchs.

– Qu'est-ce que c'est un « patch » ?

– C'est un truc[1] que tu te colles sur le bras et qui diffuse une substance qui remplace la nicotine, je crois.

– Ah, bon ! c'est remboursé par la Sécurité sociale ?

– Ça, je ne sais pas… mais tu peux bien payer ça avec l'argent des cigarettes que tu ne vas plus acheter.

– C'est vrai. Mon copain Sébastien, lui, est allé voir un médecin chinois qui lui a fait cinq séances d'acupuncture. Il lui a planté cinq ou six aiguilles dans la peau à des points bien précis.

– Ça doit faire mal.

– Mais non, il a dit que ça ne fait pas mal. En tout cas ça a marché. Il n'a plus envie de fumer. Mais ce n'est pas remboursé par la Sécurité sociale.

– Bien sûr, non !… Tu sais ce qui est le moins cher ?

– Non.

– C'est tout simplement d'arrêter avec la VOLONTÉ. Si tu veux, tu peux. Tu dois être prêt dans ta tête.

– Facile à dire…

---

1. Une chose (familier).

INFORMATIONS

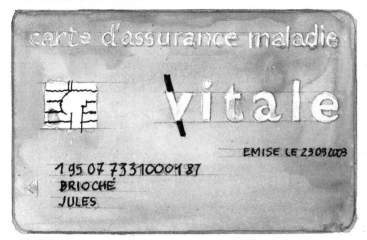

carte d'assurance maladie

vitale

EMISE LE 23.09.2003

1 95 07 7331000187
BRIOCHÉ
JULES

On la présente au médecin pour qu'il envoie directement à votre centre les feuilles de soins à rembourser.
À partir de 2007 elle contiendra les données médicales vous concernant, utiles en cas d'urgence.

« VISITE CHEZ LE MÉDECIN »

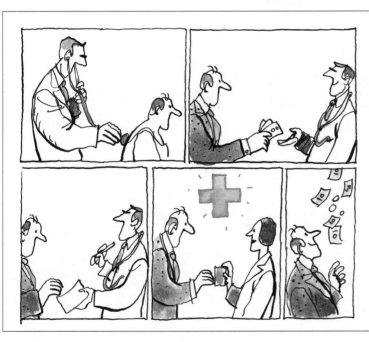

Je choisis
mon médecin généraliste

1 Je consulte mon médecin. C'est lui qui m'adresse à un spécialiste si nécessaire.

2 Je paie ma consultation et présente ma carte vitale.

3 Le médecin me donne une ordonnance pour les médicaments.

4 J'achète les médicaments chez le pharmacien

5 Un peu plus tard je suis remboursé.

► **L'assurance maladie**
(appelée aussi la « Sécurité sociale »)
Les Français ont un système d'assurance maladie obligatoire qui leur rembourse, partiellement ou en totalité, des frais médicaux[1]. Ce système est financé par les « cotisations », somme d'argent prise directement sur le salaire et proportionnelle à ce salaire. Ceux qui ne travaillent pas peuvent bénéficier de la « Couverture maladie universelle » (CMU). Tout le monde est remboursé de la même manière.

1. Visites chez le médecin ou le dentiste, examens, médicaments, hospitalisations, etc. Selon les actes médicaux et les médicaments on est plus ou moins remboursé. Si on veut un remboursement total, il faut prendre une assurance complémentaire payante : une « mutuelle ».

► **Les Français et les médicaments**
Avec plus de 40 boîtes de médicaments par an et par habitant, les Français se placent au 1er rang mondial des consommateurs. Les docteurs prescrivent-ils trop de médicaments ? Une ordonnance française compte en moyenne 4,5 médicaments contre 0,8 dans les pays du nord de l'Europe. De plus, les pharmaciens vendent les médicaments par boîte et non à l'unité comme le font les pharmaciens d'autres pays européens qui ne délivrent que la quantité nécessaire au traitement. Résultat : les armoires à pharmacie familiales sont pleines et la tentation à l'automédication[2] est forte.

2. Prendre des médicaments sans le conseil d'un médecin ou d'un pharmacien.

► **Médecines alternatives**

Les Français sont de plus en plus attirés par les médecines venues d'Orient, médecine chinoise et indienne, ainsi que d'autres médecines alterna- tives à la médecine occidentale officielle : l'ho- méopathie, l'ostéopathie ou la phytothérapie. Un Français sur deux a déjà fait confiance à ces médecines, appelées aussi « médecines douces ».

Ma santé ? L'affaire des autres

Qui, selon vous, doit jouer un rôle en matière de prévention de santé ?

Médecin	54
Gouvernement	39
École	36
Entourage (parents, famille, amis)	33
Vous-mêmes	32
Industries agro-alimentaires	22
Médias	21
Hôpitaux	16
Laboratoires pharmaceutiques	12
Instances régionales, locales	9
Associations de malades	7
Pharmaciens	6
Compagnies d'assurance	1

Sondage sur la prévention (d'après *Le Figaro Magazine*, 2005).

LA FRANCE MOINS ENFUMÉE

Pourcentage de fumeurs quotidiens dans divers pays de l'Union européenne (en 2001)

Grèce	2 541
Espagne	2 464
Pays-bas	2 402
Hongrie	2 151
Pologne	1 934
Irlande	1 815
Italie	1 741
Portugal	1 632
Allemagne	1 553
Belgique	1 533
Danemark	1 525
Rép. Tchèque	1 491
France	**1 303**
Royaume-Uni	1 108
Finlande	920
Suède	902

30 % des Français se déclarent fumeurs,
mais la moitié des Français n'ont jamais fumé.

LES FRANÇAIS LES PLUS SAGES

Évolution de la consommation de boissons alcoolisées (en litres d'alcool pur par habitant) dans certains pays d'Europe

	1960	1980	2001
Allemagne	7,4	11,4	10,4
Belgique	6,5	10,8	8,2
Danemark	4,5	9,1	9,5
Espagne	7,0	13,6	10,5
Finlande	2,0	6,0	7,4
France	**17,7**	**14,9**	**10,7**
Grèce	5,3	10,2	7,9
Irlande	5,3	7,3	10,8
Italie	3,4	13,0	7,6
Luxembourg (avec pays frontaliers)	8,6	10,9	12,4
Pays-Bas	2,8	8,9	8,1
Portugal	12,2	11,0	10,6
Royaume-Uni	4,5	7,3	8,5
Suède	4,2	5,7	4,9

ÉCOUTEZ ET RÉPONDEZ

a. Est-ce que ces deux personnes se connaissent bien ?

b. Qu'est-ce que Martin a décidé de faire ?

c. Est-ce que c'est la première fois qu'il prend cette décision ?

d. Qu'est-ce qu'un « patch » ?

e. Qu'est-ce que Sébastien a fait ?

f. Quelle est la troisième solution proposée ?

FAITES LE POINT

❶ Observez

a. Comment est-ce qu'un acupuncteur soigne un patient ?

b. Cherchez dans un dictionnaire la définition des mots suivants : acupuncture, homéo-pathie, ostéopathie, phytothérapie. Connaissez-vous ces médecines ?

c. Regardez le tableau sur l'évolution de la consommation de boissons. Que notez-vous pour la France ? Comparez les chiffres pour la France et la Suède en 2001 ? Que remarquez-vous ? Est-ce qu'il y a un pays en Europe où la consommation d'alcool a été supérieure à celle de la France en 2001 ? Si oui, lequel ?

d. Regardez le tableau de la consommation de cigarettes en Europe : quelle place occupe la France ?

e. Résumez en deux phrases les résultats de l'enquête sur la prévention.

❷ Rayez la réponse qui n'est pas correcte

a. Les Français boivent de plus en plus/de moins en moins d'alcool.

b. La carte vitale permet d'avoir un remboursement/une consultation plus rapide.

c. Les Français sont les premiers/deuxièmes plus grands consommateurs de médicaments d'Europe

d. Le remboursement des médicaments dépend/ne dépend pas du montant du salaire du patient.

e. Les pharmaciens vendent les médicaments par unités/par boîtes.

❸ Répondez

a. Est-ce que toutes les personnes qui vivent et travaillent en France peuvent bénéficier du remboursement des visites médicales ?

b. Est-ce que les Français sont libres de consulter le médecin de leur choix ?

c. Qu'est ce que les médecines « alternatives » ou « douces » ? Est-ce que beaucoup de Français les utilisent ?

❹ Donnez votre avis

a. Répondez à l'enquête sur la prévention et justifiez votre réponse.

b. Est-ce le système de santé de votre pays vous semble meilleur ou moins bien que celui de la France ? Donnez un exemple.

UN JEUNE COUPLE DANS SON APPARTEMENT.

– Allez, courage ! Si on commence maintenant, à deux on peut finir toute la pièce
dans la journée.

– Tu es vraiment optimiste !

– Tu veux dire que je suis vraiment spécialiste, parce que tu sais, ce n'est pas la première fois
que je repeins une pièce.

– Pour moi, c'est la première fois… et j'espère la dernière, je préfère payer quelqu'un pour le
faire.

– Tu es fou ! Tu sais combien ça coûte ? Je préfère dépenser l'argent à autre chose : m'acheter
des livres, aller au cinéma, au théâtre, au restaurant

– Mais toi, c'est différent, tu adores bricoler. Moi, l'odeur de la peinture ça me rend malade.

– J'ai acheté une peinture sans odeur. *do odd jobs –*

– Et après il faut nettoyer les pinceaux

– Je le ferai. Allez, sois gentil ! on va mettre de la musique ! et tu vas voir comme ce sera beau,
propre, tout clair… Tu ne crois pas qu'on doit changer aussi un peu la disposition des meubles ?

– Non… pourquoi ? c'est très bien comme ça. *second-hand*

– Regarde cette table, elle est vraiment moche[1]. J'en ai vu une très jolie à la brocante dimanche.

– Doucement, doucement. Tu ne vas pas commencer à tout changer !

– Et pourquoi pas ? c'est le printemps ! J'ai envie de lumière, de couleurs, de musique,
d'amour ! Allez ! au travail !

---

1. Pas belle (familier).

INFORMATIONS

LE TEMPS LIBRE DES FRANÇAIS

En vingt-cinq ans, les français ont gagné une heure de temps libre par jour, pour...

regarder la télévision...

Temps moyen par jour

faire du sport...

Temps moyen par jour

recevoir ses amis ou aller les voir...

...et bricoler son petit chez-soi

Temps moyen par jour (hommes seulement)

Les chiffres de 1975 concernent les actifs citadins de 18 à 64 ans (y compris les chômeurs), ceux de 1986 et 1999, les actifs de plus de 15 ans (non compris les chômeurs). Source Insee.

LOISIRS : DIFFÉRENCES HOMMES/FEMMES

Proportion de personnes ayant pratiqué au moins une fois dans l'année une de ces activités.			
	(En pourcentage des plus de 15 ans)		
	Femme	**Homme**	**Ensemble**
Lecture de livre	71	50	61
Cinéma	53	53	53
Musée, exposition, visite de monument	48	44	46
Théâtre ou concert	35	30	33
Écoute de la radio	85	88	87
Écoute de musique sur disque	77	74	75
Assistance à une manifestation sportive	25	40	32

Source : INSEE, 2004

► **La civilisation des loisirs**

Avec la réduction du temps de travail et l'allongement de la durée de la vie, le temps libre représente plus de la moitié de notre existence. La plus grande partie de ce temps libre est pris par la télévision, mais aussi par d'autres activités qui ne sont pas gratuites : on estime que les loisirs sont le quatrième poste de dépenses des Français après le logement, les transports et l'alimentation.

Les Français sont les champions d'Europe des achats de matériel sportif et ils dépensent aussi beaucoup d'argent pour leurs activités de bricolage et de jardinage. L'importance donnée aux loisirs fait partie de l'art de vivre à la française. Faut-il rappeler qu'en 1981 avait été créé un « ministère du Temps libre » ?

► **Que veut dire « bricoler » ?**

C'est s'occuper chez soi à de petits travaux manuels : réparer, aménager, peindre, etc.

Les Français aiment décorer, arranger leur logement pour mieux y vivre, surtout s'ils sont propriétaires. Le bricolage peut être un plaisir, la satisfaction de faire tout soi-même, de personnaliser son intérieur à son goût, mais il est aussi un moyen de faire des économies quand on ne peut pas se payer les services de spécialistes. Plus de deux Français sur deux bricolent… Français ou Françaises car, réservé avant aux hommes, le bricolage est maintenant aussi le domaine des femmes : plus de la moitié des clients des grandes surfaces de bricolage sont aujourd'hui des femmes.

► **La vie en vert**

Depuis le début des années 2000, des petites îles de verdure sont apparues dans les grandes villes : ce sont des terrains vagues[1] qui ont été transformés en jardins collectifs, avec l'autorisation de la Ville. On les appelle « jardins partagés », « jardins nomades » ou « jardins éphémères ». Ils sont ouverts à tous : il suffit d'être membre de l'association qui s'en occupe pour pouvoir participer à la plantation des fleurs et des légumes et tout le monde peut venir s'asseoir et profiter de ces oasis de calme dans les villes.

1. Terrain sans culture ni construction situé dans une ville.

► **Jeux d'argent**

Oui, les Français sont joueurs, moins que les Espagnols et les Slovènes, mais plus que les Polonais. Depuis la création du Loto en 1976, les Français ont doublé la part de leur budget consacré aux jeux de hasard et d'argent. Les jeux « instantanés » où l'on gratte pour voir si on a gagné ont beaucoup de succès. Mais les Français aiment aussi jouer au casino : il existe pas moins de 180 casinos en France qui, depuis que les machines à sous ont été autorisées (1987), attirent une clientèle plus jeune et moins fortunée. Pour ceux qui préfèrent les courses de chevaux, la France est un pays de rêve avec ses 255 hippodromes – plus que tous les pays européens réunis. Le dimanche on peut voir dans les bars-tabacs les clients qui remplissent leurs bulletins de tiercé[2], lisent les journaux spécialisés et s'échangent leurs informations pour décider sur quels chevaux ils vont parier.

2. Bulletin où l'on choisit trois chevaux sur lesquels on parie (on engage de l'argent).

antique - hunting

► **Je chine, tu chines, il chine…**

Que veut dire « chiner » ? « Chercher des occasions », dit le dictionnaire. Une occasion, dans ce cas, est un objet qu'on achète à un prix intéressant. Et où est-ce qu'on trouve des occasions ? dans les brocantes ou « les marchés aux puces[3] ». Là, des vendeurs professionnels exposent des antiquités ou des vieux objets. Parfois les particuliers eux-mêmes vendent des objets qu'ils ont gardés dans un grenier[4], une cave, un placard et qu'ils ne veulent plus : ils organisent, souvent avec une association, un « vide-grenier ». Chiner est un sport. Trouver une bonne affaire, un objet unique à un prix raisonnable est un vrai plaisir que les Français apprécient.

3. Dans un « Marché aux puces », on achète de vieux objets ou vêtements et même des meubles.
4. Un grenier est une pièce située sous le toit d'une maison.

ÉCOUTEZ ET RÉPONDEZ

a. À votre avis, quelle est la relation entre ces deux personnes ?

b. Qu'est-ce qu'ils vont faire ?

c. Est-ce que l'homme est content ? Pourquoi ?

d. Est-ce que la femme est contente ? Pourquoi ?

e. En quoi la femme a-t-elle de l'expérience ?

f. Qu'est-ce qu'elle propose de changer ? Pourquoi ?

g. Qu'est-ce qui va se passer, à votre avis ?

FAITES LE POINT

1 **Observez**

a. Regardez le tableau sur le temps libre des Français : que remarquez-vous en ce qui concerne le sport ? Comparez le temps passé à regarder la télévision à celui consacré au sport : qu'en pensez-vous ? Est-ce que les Français passent plus de temps à recevoir leurs amis ou à bricoler ?

b. Regardez le tableau sur les différences hommes/femmes dans les loisirs : quelle est la plus grande différence entre les hommes et les femmes ? Dans quelles activités sont-ils à égalité ? Qui lit le plus de livres ?

2 **Reliez les verbes aux loisirs correspondants**

a. Réparer •   • 1. La brocante

b. Planter •   • 2. Le sport

c. Parier •   • 3. Le bricolage

d. Chiner •   • 4. Le jardinage

e. S'entraîner •   • 5. Le casino

3 **Répondez**

a. Pourquoi est-ce que les Français ont plus de loisirs maintenant ?

b. Quelle est l'activité de loisirs la plus importante des Français ?

c. Est-ce que les Français dépensent plus d'argent dans leurs loisirs que dans leur alimentation ?

d. Pourquoi est-ce que les Français bricolent ?

e. Est-ce les Françaises bricolent aussi ?

d. À quoi est-ce que les Français aiment jouer ?

b. Qu'est-ce qu'un « vide-grenier » ?

d. Quelle est la différence entre un jardin public et un jardin partagé ?

4 **Donnez votre avis**

a. Regardez de nouveau le tableau sur le temps libre des Français : choisissez les trois activités que vous faites le plus souvent depuis un an.

b. Ressemblez-vous plus à l'homme ou à la femme du dialogue ? Pourquoi ?

c. Est-ce que vous aimez jardiner ? Pourquoi ?

d. Est-ce que vous jouez à des jeux d'argent ? Si oui, lesquels ? Est-ce que vous avez déjà gagné ? Racontez.

e. Est-ce qu'il y a des brocantes là où vous habitez ? Est-ce vous avez déjà acheté un ou plusieurs objets dans une brocante ou chez un antiquaire ? Expliquez.

DEUX COPAINS AU RAYON MUSIQUE DE LA FNAC[1]

– Je suis invité chez Julie et Benoît ce week-end et j'ai envie de leur acheter un cadeau. À ton avis, je prends un livre ou un CD ?

– Un CD. Ils adorent la musique.

– Oui, mais je ne sais pas quel type de musique.

– Lui, il est plutôt rock et elle, musique classique. Ça ne va pas être facile de trouver un CD pour tous les deux… Ah ! si ! J'ai une idée ! Tu peux leur acheter un CD de Bénabar.

– De qui ?

– Bénabar, un chanteur français qui chante en français. Tu ne connais pas ?

– Non, mais moi je n'écoute que des groupes anglais ou américains alors je ne connais rien à la chanson française… sauf Léo Ferré, Barbara, Jacques Brel, Brassens, les grands classiques que mes parents écoutaient.

– Bénabar, c'est quand même plus moderne. Je sais qu'ils aiment bien parce qu'ils voulaient aller à son dernier concert, mais finalement ils n'ont pas pu. Achète-leur le dernier CD qui vient de sortir !

– D'accord.

– Dépêche-toi parce qu'on va être en retard.

– Qu'est-ce qu'on va voir ?

– Une comédie dans un tout petit théâtre… je crois qu'il y a seulement 60 places. Ce sont des jeunes acteurs. Un copain m'a dit que c'était vraiment drôle.

– Tu as réservé ?

– Non.

– Tu as l'adresse ?

– Non, j'ai perdu le papier, mais je crois savoir où c'est.

– Oh ! oh ! avec ton sens de l'orientation, on risque de terminer au cinéma…

La musique

Laquelle de ces phrases décrit ce que vous ressentez vis-à-vis de la musique ?		
C'est vital pour vous	16 %	les jeunes femmes (34 %), les jeunes hommes (25 %) les musiciens (29 %)
C'est une véritable passion	9 %	les jeunes (16 %) les musiciens (24 %)
C'est un plaisir parmi d'autres	40 %	les 50-64 ans (24 %) les cadres (47 %)
C'est surtout une façon de se détendre *relax*	40 %	les 35-49 ans (30 %)
C'est un passe-temps	7 %	les 65 et plus (30 %)
Vous n'aimez pas vraiment	3 %	

L'ÂGE DES LOISIRS

Proportion de personnes ayant pratiqué au moins une fois dans l'année écoulée certaines activités de loisir selon leur âge (2004, en % de chaque tranche d'âge)						
	Lecture de livres	Cinéma	Musée, exposition, monument	Théâtre ou concert	Écoute de la radio	Écoute de disques ou cassettes
15-29 ans	70	85	47	45	89	95
30-39 ans	61	64	49	34	92	87
40-49 ans	60	58	48	33	89	78
50-59 ans	59	39	51	31	88	69
60-69 ans	59	36	50	34	87	67
70-79 ans	52	20	34	20	76	48
80 ans et +	50	8	19	10	69	32
Ensemble	61	53	46	33	87	75

D'après INSEE 2002.

► **Qu'est-ce que l'exception culturelle ?**
C'est l'idée selon laquelle la loi du marché, qui s'applique à tous les produits et services, ne doit pas s'appliquer aux produits culturels : la culture n'est pas une marchandise comme les autres, il faut refuser la « dictature économique » dans le domaine culturel et l'État doit donc aider financièrement la création artistique.

► **La chanson française**
Selon un sondage (Sofres, mai 2005), le style préféré de musique des Français est la chanson française (66 %), loin devant le rock ou la pop. L'opéra, lui, n'a pas beaucoup les faveurs du public français : seulement 6 % des personnes interrogées préfèrent ce genre de musique. Honneur donc à la chanson française, surtout que, selon

la loi, les stations de radio doivent obligatoirement diffuser un minimum de 40 % de chansons françaises pour encourager la création et préserver le patrimoine culturel.

Après le rock des années 1980 et la musique électronique des années 1990, les « chanteurs à textes » sont de nouveau appréciés. Ce sont en général des artistes complets qui écrivent les paroles et/ou la musique de leurs chansons et les interprètent : Bénabar, Thomas Fersen, Vincent Delerm, et bien d'autres, contribuent au renouveau de la chanson française. Mais les rappeurs ont aussi leurs fans. Leurs textes, engagés[1], comme ceux de MC Solaar, IAM, NTM, parlent de violence, de racisme, et aussi d'amour. De nombreux autres groupes inclassables mélangent tous les types de musique (hip hop, rock, reggae, etc.) et complètent la riche variété de la nouvelle scène musicale française.

1. Qui prennent position politiquement.

► Le cinéma

Le cinéma a toujours occupé une place importante dans le cœur des Français qui ne le considèrent pas seulement comme un divertissement mais comme un art à part entière, le « septième art ». Il faut rappeler que le cinéma est né à Paris, au « Grand Café », 14 Boulevard des Capucines, le 28 décembre 1895. Ce jour-là, les frères Lumière ont présenté leur invention, le « cinématographe », qui a eu immédiatement un grand succès populaire. Paris est resté un rendez-vous des cinéphiles[2] : on y tourne beaucoup de films (650 en 2005) et c'est la capitale en Europe qui a le plus grand nombre de salles de cinéma (378). La création cinématographique est aidée financièrement par l'État. Ainsi, malgré la concurrence des DVD, les « salles obscures[3] » continuent à se remplir.

À la fête du cinéma, qui a lieu chaque année, pendant trois jours on peut aller voir un maximum de films pour un minimum d'argent.

2. Un cinéphile est une personne qui aime le cinéma.
3. Salles de cinéma.

► *Viens voir les comédiens !*[4]

Paris compte plus d'une centaine de théâtres à la programmation très variée qui va de la comédie de boulevard[5] aux pièces très classiques. Des minuscules théâtres d'une soixantaine de places, à la prestigieuse « Comédie-Française »[6] qui n'a cessé d'enchanter le public depuis plus de trois siècles, les comédiens, célèbres ou inconnus, peuvent exercer leur talents. Des troupes de théâtre font aussi des spectacles dans les rues et dans des « cafés-théâtres », petites scènes installées dans un café. Attention ! Quand on va au théâtre, il est conseillé de réserver ses places.

4. Célèbre chanson de Charles Aznavour.
5. Le « théâtre de boulevard » évoque un type de pièces légères (à l'origine données sur les Grands Boulevards) d'un comique facile, dont l'intrigue tourne souvent autour du thème de l'infidélité conjugale.
6. Grand théâtre national dans lequel le célèbre auteur comique Molière a joué pour la dernière fois le 17 février 1673.

► Le cirque

Le cirque a été longtemps un spectacle de divertissement populaire pour tous publics. Des compagnies illustres, qui portaient le nom des grandes familles d'artistes, comme Bouglione, Pinder, Grüss, Zavatta, ainsi que des petits cirques familiaux installaient leurs chapiteaux[7] dans les villages avec leurs jongleurs, leurs acrobates, leurs clowns et leurs dompteurs. Avec la concurrence de la télévision les cirques ont peu à peu disparu. Mais l'apparition des spectacles de rues dans les années 1960, puis la création de la première école de cirque en 1974, ont fait ressusciter non seulement le cirque traditionnel, mais aussi un cirque plus poétique tourné vers la danse, la musique et la poésie. Aujourd'hui, avec près de 200 écoles qui forment les « étoiles » de demain, le cirque a retrouvé sa place dans la vie culturelle.

animal tamers

7. Un chapiteau est une grande tente.

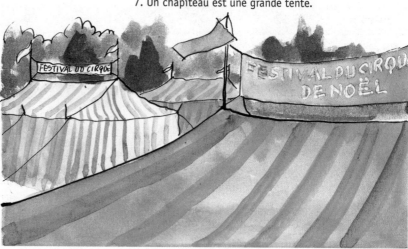

ÉCOUTEZ ET RÉPONDEZ

a. Où sont ces deux amis ?

b. Qu'est-ce qu'ils vont acheter ?

c. Pourquoi est-ce que le choix est difficile ?

d. Écrivez le nom des chanteurs dont ils parlent. Lesquels est-ce que vous connaissez ?

e. Où est-ce qu'ils veulent passer la soirée ?

f. Est-ce qu'il vont pouvoir le faire ?

FAITES LE POINT

① Observez

a. Regardez le sondage. Pour quelle catégorie de la population française est-ce que la musique est très importante ?

b. Regardez le tableau « L'âge des loisirs » et faites trois phrases pour comparer les loisirs des jeunes aux loisirs des personnes plus âgées.

② Donnez le nom :

a. d'un chanteur français

b. des inventeurs du cinéma

c. d'un grand théâtre prestigieux

d. d'une grande famille d'artistes de cirque

③ Répondez

a. Qu'est-ce qu'un café-théâtre ?

b. Pourquoi est-ce que Paris est un endroit idéal pour les cinéphiles ?

c. Pourquoi est-ce que les cirques sont redevenus populaires ?

④ Choisissez la bonne réponse

a. À Paris il y a :
- ☐ environ 80 théâtres
- ☐ plus de 200 théâtres
- ☐ plus de 100 théâtres

b. L'idée de « l'exception culturelle » est que :
- ☐ tout se vend, même la culture.
- ☐ la culture est un produit différent des autres produits commerciaux.
- ☐ la culture ne doit pas être un produit trop cher.

c. Une loi en France :
- ☐ encourage les radios à diffuser 40 % de chansons françaises.
- ☐ interdit aux radios de diffuser plus de 50 % de chansons étrangères.
- ☐ oblige les radios à diffuser 40 % de chansons françaises.

d. On appelle le cinéma :   ☐ le 6e art ?   ☐ le 7e art ?   ☐ le 8e art ?

⑤ Donnez votre opinion

a. Répondez personnellement au questionnaire sur la musique.
Quel type de musique préférez-vous ?

b. Regardez les activités culturelles dans le tableau « L'âge des loisirs ».
Quelle est l'activité que vous faites le plus souvent ? Le plus rarement ?

DEUX COPAINS DEVANT LA TÉLÉVISION

Le commentateur – … et c'est le sprint final… suivi de l'Allemand Jan Ullrich et de l'Italien Ivan Basso, voici celui qui va remporter pour la 7e fois le Tour de France… Lance Amstrong !… Extraordinaire !… Incroyable !… Quel athlète !

– Quoi ! C'est encore lui qui a le maillot jaune !
– Ben, oui ! tu vois !
– Et les Français alors, ils sont nuls ! C'est le Tour de France et les Français ne gagnent jamais !
– Oh ! tu exagères : on a eu des grands champions, Louison Bobet, Jacques Anquetil, Bernard Hinault, Laurent Fignon…
– C'est vieux ça ! c'est du passé !
– Oui, tu as raison, c'est vrai qu'il y a longtemps qu'un Français n'a pas gagné le tour de France…
– D'ailleurs c'est plus le Tour de France, ils traversent les frontières maintenant !
– C'est quand même une super course, célèbre dans le monde entier !
– Oui, mais tu sais, moi, je trouve qu'il y a eu trop d'histoires de dopage. C'est vraiment très moche.. _ugly, lousy_
– Faut pas généraliser…
– Regarde, les Jeux olympiques ! même chose !
– Mais il y a plein de sports où il n'est jamais question de dopage : le foot, le rugby, le ski, le tennis….
– T'as raison. En fait, je crois que je n'aime pas le vélo tout simplement, je préfère rouler… tu sais en quoi ?
– En Rolls ?
– Mais non !
– En Porsche ! Tu te rappelles l'année dernière quand on a vu les 24 heures du Mans. Ça, c'était du spectacle ! _roller- blading_
– Oui… mais c'est pas ça. Ce que j'aime, c'est faire du roller. La balade du vendredi soir, c'est vraiment bien, je t'assure. Pourquoi tu n'essaies pas ? Et en plus il y a des jolies filles !
– Ah ! ça c'est un autre sport !

INFORMATIONS

Cinq anneaux pour cinq continents, des jeux qui ont ressuscité grâce à Pierre de Coubertin en 1896. Ce grand sportif pensait que le sport devait occuper une place fondamentale dans le développement de l'enfant.

► La pratique des sports
reformating

En 2004 presque la moitié de Français de 15 ans et plus disaient pratiquer un sport, certains de manière individuelle (62 %), d'autres dans des associations ou des clubs (43 %) ou dans des centres de remise en forme (5 %). On note une nette préférence pour les sports individuels, comme le vélo ou la natation, qu'on peut pratiquer en groupe. *hike* Le succès de la randonnée, l'activité la plus pratiquée en France, montre que les Français *training* aiment les sports qui ne demandent pas d'entraînement spécial ni un fort esprit de compétition. Dans les fédérations sportives et les clubs, le football reste le sport le plus populaire. Le rugby a aussi ses supporters, surtout dans le sud-ouest de la France. La télévision enregistre ses meilleures audiences quand des matchs de foot ou de rugby sont retransmis. Les compétitions nationales et internationales font les gros titres de *L'Équipe*, le journal des sports, qui est le quotidien le plus vendu en France. *Sailing* Même si le golf, la voile et l'équitation sont toujours des sports dont la pratique reste coûteuse

pour les classes modestes, les sports sont de moins en moins marqués socialement : le tennis, par exemple, s'est bien démocratisé. D'autre part, les femmes sont de plus en plus sportives, mais trois fois moins nombreuses que les hommes à participer aux compétitions. Elles sont encore très rares dans les clubs de football.

► Les Vingt-Quatre heures du Mans
Cette grande course automobile qui a lieu dans la ville du Mans porte aussi le nom de « grand prix d'endurance » parce que cette compétition est une épreuve non seulement de vitesse, mais aussi de résistance autant pour le pilote que pour la voiture : ils tournent pendant vingt-quatre heures sur un circuit de 100 kilomètres.

► Le marathon de Paris
À l'exemple de New York, Paris ouvre chaque année ses rues et ses boulevards aux coureurs de tous âges, de plus en plus nombreux : en 2005, ils étaient 35 000 à prendre le départ sur les Champs-Élysées dans une ambiance très joyeuse.

► **Le Tour de France** *overtake*

Cette célèbre course cycliste ne fait plus seulement le tour de la France, mais dépasse maintenant les frontières des pays voisins : l'Allemagne, la Belgique, les Pays-Bas, le Luxembourg et l'Espagne. Le premier Tour de France a eu lieu en 1903. Depuis, chaque été, sous la chaleur du soleil de juillet, les coureurs parcourent des centaines de kilomètres. La « grande boucle » dessine un parcours chaque année différent avec toujours des étapes difficiles dans les Alpes ou les Pyrénées. C'est à Paris, sur les Champs-Élysées, que la course finit et que le champion reçoit le maillot jaune, symbole de sa victoire. Le Tour de France reste le premier événement sportif français (le 3e au monde après les Jeux olympiques et la Coupe du monde de football) le plus regardé parce que « la petite reine », nom donné au vélo, reste chère au cœur des Français, même si les affaires de dopage ont terni un peu l'image des champions.

► **La balade en rollers**

Ils étaient une quinzaine de copains à se donner rendez-vous le samedi soir pour faire un tour en rollers dans les rues de Paris. C'était en 1993. Quelques années plus tard ils sont des milliers, de tous les âges, à participer chaque vendredi soir

trip

à la balade parisienne. La police arrête la circulation et l'immense cortège coloré passe devant les yeux étonnés des passants... et des automobilistes qui doivent patienter.

► **Roland Garros**

Le 1er championnat de tennis, réservé aux joueurs français, est créé en 1891 à Paris. En 1925 la compétition est ouverte aux étrangers et en 1928 le stade Roland-Garros[1] est construit. Depuis on y organise chaque année l'un des quatre plus grands tournois de tennis du monde[2].

1. Aviateur français passionné de tennis.
2. Les 3 autres sont : Wimbledon, l'Open d'Australie, et l'US Open.

Les valeurs du sport : une vision éclectique

Une hygiène de vie	27
Nécessaire pour se maintenir en forme	23
Avant tout un divertissement	22
S'évader, sortir du quotidien	19
Un défoulement*	16
Un anti-stress, un moyen de relaxation	15
Une passion	14
Le plaisir de se sentir bien dans son corps	12
Retrouver des amis	11
Communiquer avec la nature	8
Repousser ses limites	4,6
Avoir un esprit de compétition	3,2
Éducation de son corps et de son esprit	2,8

* Un défoulement : une occasion d'exprimer ses pulsions, ses envies avec une totale liberté.

D'après *Sport attitudes* (2005).

ÉCOUTEZ ET RÉPONDEZ

a. De quoi est-ce qu'on parle à la télévision ?

b. Est-ce que les deux amis ont le même point de vue ? Expliquez.

c. Est-ce que vous connaissez les champions dont on parle ? Lesquels ?

d. De quels autres grands événements sportifs est-ce qu'on parle ?

e. Quel sport pratique un des deux garçons ?

f. Qu'est-ce qu'il conseille à son ami ?

FAITES LE POINT

① Observez

a. Regardez la sculpture dans le stade des Jeux olympiques : que symbolise chaque anneau ?

b. Regardez le sondage sur le sport : regroupez les réponses qui sont proches et totalisez les pourcentages. Quelles sont les plus fortes motivations des Français ?

② Devinez

De quel(s) sport(s) parlent-ils ?

a. « C'est dans le sud-ouest de la France qu'il est le plus populaire. » _____

b. « Cette année la grande boucle passe par le Massif central. » _____

c. « C'est un sport qui s'est beaucoup démocratisé. » _____

d. « Il n'y a pas beaucoup d'équipes féminines. » _____

e. « C'est vraiment l'activité sportive la plus pratiquée en France. » _____

f. « Dans ce sport il faut avoir de bons réflexes et ne pas avoir peur. » _____

③ Répondez

a. Quel type de sport est-ce que les Français préfèrent pratiquer ? _____

b. Quel est le sport le plus populaire en France ? _____

c. Comment s'appelle le journal des sports ? _____

d. Où est l'arrivée du Tour de France ? _____

e. Que porte celui qui gagne le Tour de France ? _____

f. Quelle manifestation sportive a lieu à Paris le vendredi soir ? _____

g. Qui a « ressuscité » les Jeux olympiques ? _____

④ Donnez votre avis

a. En vous aidant du sondage, dites ce que représente le sport pour vous.

b. Parmi les compétitions sportives citées, laquelle est-ce que vous aimeriez voir ? Pourquoi ?

c. Que pensez-vous du dopage ?

d. Est-ce que vous pensez qu'on donne assez d'importance au sport dans l'éducation ? Avez-vous ou avez-vous eu beaucoup d'activités sportives à l'école, au lycée ou à l'université ? Et à l'extérieur ?

DANS LE MÉTRO

Un homme – Mesdames, messieurs, excusez-moi de vous déranger. J'ai perdu mon emploi, ma femme m'a quitté et je suis seul, sans ressources. Si vous avez une petite pièce, un ticket-restaurant, ou un ticket de métro, ça m'aidera bien, je vous en remercie. Sinon, un sourire, ça ne coûte rien. Bonne journée !

(Il passe dans le wagon avec une petite boîte à la main. Deux amies sont assises l'une à côté de l'autre.)

Valentine *(chuchotant)* – T'as pas une pièce à lui donner ?
Sarah – Non, rien, vraiment je n'ai plus rien dans mon porte-monnaie.
Valentine – Moi non plus.
Sarah – Attends, je vais chercher. Je trouve quelquefois des pièces qui sont tombées au fond de mon sac… Tiens, voilà 50 centimes. Tiens ! Donne-lui, toi !

(L'homme passe, Valentine lui donne la pièce.)

L'homme – Merci ma petite dame, bonne journée !

(L'homme les quitte.)

Sarah – Je n'arrive pas à m'habituer à ça, c'est vraiment triste, ça me met mal à l'aise.
Valentine – Oui, mais qu'est-ce qu'on fait nous, personnellement pour changer les choses ?
Sarah – Rien. On pourrait aller travailler un peu pour des associations comme les Restos du cœur[1], mais on ne le fait pas. On n'y pense pas ou on n'a pas le temps.
Valentine – Mais il y en a qui trouvent le temps. Moi je les admire…
Sarah – Moi aussi… Zut, on est déjà à Châtelet ! oh là là ! je te quitte. Je suis terriblement en retard. On se téléphone.
Valentine – Oui, salut !

---

1. Les Restaurants du cœur.

INFORMATIONS

mutual assistance

► Associations loi de 1901

Le mot « association » évoque pour les Français l'entraide, le bénévolat[1], une volonté de s'unir dans un même but. On pense immédiatement aux associations humanitaires, mais les associations sportives, culturelles et les associations de loisirs sont encore plus nombreuses à proposer des activités. En France, depuis que la loi de 1901 garantit la liberté d'association, chaque année 60 000 associations se créent. 80 % des Français affirment que ces associations à « but non lucratif », c'est-à-dire qui ne doivent pas faire de profit, sont indispensables dans de nombreux domaines : l'aide aux plus pauvres, la prévention de la drogue et de la délinquance, la défense des droits de l'homme, la protection des personnes âgées, la consommation, la santé, le chômage, le racisme… On les juge dynamiques, compétentes, dévouées à l'intérêt général, efficaces, proches des gens. Elles correspondent donc bien à l'idéal républicain « Liberté, égalité, fraternité ». D'autre part, les associations qui proposent des rencontres, des repas, des sorties et d'autres événements sociaux ont un grand succès. Ainsi, 45 % des Français sont membres d'une ou plusieurs associations et un Français sur quatre est engagé dans une activité bénévole.

1. Action de travailler volontairement sans être payé.

► Les compagnons d'Emmaüs

Fondée en 1949 par l'abbé Pierre, cette association laïque aide des personnes qui ont de graves difficultés matérielles, financières, familiales, éventuellement psychologiques, à se réinsérer[2] dans la société. Ces personnes sont accueillies dans des petites communautés : on compte 446 groupes de « compagnons » et « amis d'Emmaüs », dans le monde, qui vivent et travaillent ensemble, accompagnés par des bénévoles. Le mouvement, présent dans 37 pays, est particulièrement actif dans le domaine du logement (hébergement d'urgence, aide au logement, etc.) mais aussi dans de nombreuses autres actions sociales comme la lutte contre l'illettrisme[3] ou le conseil aux personnes surendettées[4].

Pour faire vivre la communauté, les « compagnons d'Emmaüs » collectent des objets usagés pour les revendre. Les centres Emmaüs sont des endroits où l'on peut vendre et acheter meubles, vêtements et divers objets : un bric-à-brac, une brocante.

► Les Restaurants du cœur

Les Restaurants du cœur sont une des associations auxquelles les Français font le plus confiance. Fondée par l'humoriste Coluche en 1985, elle vient en aide aux personnes en difficulté en leur offrant des repas gratuits et en les accompagnant dans leur insertion sociale. Elle est présente dans toute la France. En 2005, 45 000 bénévoles y ont travaillé.

2. Faire de nouveau partie de la société.
3. Un illettré est quelqu'un qui ne sait ni lire ni écrire
4. Qui ont fait trop de dettes et qui ne peuvent plus rembourser.

La personnalité française la plus populaire en 2005.

► **Médecins sans Frontières**
   Médecins du monde

« Médecins sans Frontières » et « Médecins du monde » sont deux associations bien connues des Français. Depuis 30 ans (20 ans pour « Médecins du monde ») elles portent secours aux populations en détresse[5] en France et dans le monde entier. Chaque fois qu'il y a une catastrophe naturelle, une guerre ou une épidémie dans un pays, leurs équipes de médecins, infirmières, techniciens, etc. se rendent sur place. En France aussi ils soignent les plus défavorisés.

5. Situation très pénible (malheur, misère).

manufacturer

► **SOS Racisme**

Née en 1984, cette association est toujours restée fidèle à ses objectifs : la construction d'une république métissée[6]. Luttant contre l'idéologie de l'extrême droite, elle affirme sa volonté de voir chacun vivre à égale dignité et se bat contre les ghettos et les discriminations raciales.

6. Constituée d'un mélange de population

► **Les associations de consommateurs**

Quand, dans les années 1960, la société de consommation s'est développée, des associations se sont créées pour défendre les intérêts des consommateurs. On compte aujourd'hui 18 associations nationales et 800 associations locales. Dans les différentes antennes qu'elles ont en France, dans leurs magazines (*60 millions de consommateurs*, *Que choisir ?*) ou dans des émissions télévisées, on informe et on conseille les consommateurs. On fait aussi des essais sur les produits pour en tester la qualité et la sécurité et on publie des études comparatives des prix. Ces associations apportent également un soutien appréciable aux personnes qui ont besoin d'aide juridique : si un consommateur veut attaquer en justice un fabricant, il peut demander à un avocat de l'association de l'aider à préparer son dossier et/ou défendre sa cause.

ÉCOUTEZ ET RÉPONDEZ

a. Qui est l'homme qui parle ?

b. Qu'est-ce qu'il veut ?

c. Que font les deux jeunes filles ?

d. De quoi est-ce qu'elles parlent ensuite ?

e. Est-ce que cette scène pourrait se passer dans votre pays ? De la même manière ou d'une manière différente ?

FAITES LE POINT

1 Observez

a. Décrivez les logos des associations. Lequel préférez-vous ?

b. Décrivez chaque dessin. Expliquez pourquoi chaque logo correspond bien aux buts de chaque association.

2 Trouvez

Quelle association peut régler quel problème (plusieurs possibilités) ?

a. « J'ai perdu mon travail, je n'ai plus de logement et je suis à la rue. »

b. « Un terrible tremblement de terre a détruit toute une région située au nord de la Turquie. »

c. « Il ne sait ni lire ni écrire. Cet handicap rend sa vie difficile. »

d. « On m'a refusé un travail à cause de la couleur de ma peau. »

e. « Nous ne pouvons plus rembourser nos dettes. »

f. « J'ai acheté une machine à laver neuve. Elle ne marche pas. Le magasin refuse de me la reprendre ou me la rembourser parce qu'ils pensent que j'ai endommagé la machine dans le transport. »

g. « Le tsunami qui a touché l'Asie du Sud-Est a fait des milliers de victimes. »

3 Répondez

a. Dans quels domaines est-ce que les associations travaillent ?

b. Qu'est-ce qu'un bénévole ?

c. Est-ce que beaucoup de Français sont membres d'une association ? Combien ?

d. Comment est-ce que les Français jugent les associations ?

e. Dans les associations citées, quelles sont les associations qui ne travaillent pas seulement en France mais aussi à l'étranger ?

f. Qui était l'abbé Pierre ?

g. Qu'est-ce qu'on peut acheter dans les centres Emmaüs ?

h. Donnez le nom d'un magazine de défense des consommateurs.

4 Donnez votre avis

a. Voici quelques causes pour lesquelles les associations travaillent : l'aide aux plus pauvres, la prévention de la drogue et de la délinquance, la défense des droits de l'homme, la protection des personnes âgées, la consommation, la santé, le chômage, le racisme, la défense des consommateurs. Quelles sont les causes qui vous semblent les plus importantes ? Classez-les, de la plus urgente à la moins urgente.

b. Est-ce qu'il y a d'autres causes qui vous semblent importantes et qui ne sont pas citées ? Lesquelles ?

LA GALETTE DES ROIS

– Vous voulez un peu de fromage ?
– Non, merci pas pour moi.
– Moi non plus, je n'ai vraiment plus faim, c'était délicieux
– Michel ?
– Non, je garde une petite place pour le dessert
– Alors j'apporte la galette[1].

(Elle va dans la cuisine et revient avec une belle galette.)

– Oh là là ! elle est superbe, toute dorée !
– Michel, tu ne veux pas la couper, tu sais mieux faire ça que moi.
– D'accord, on est cinq… je vais essayer de faire des parts égales mais je ne garantis rien…

(Il coupe la tarte en cinq.)

– Voilà. Nicolas, tu vas sous la table ?
– Papa, je n'ai plus trois ans !
– Excuse-moi. Alors tu peux fermer les yeux…
– Si tu veux, mais je trouve ça vraiment ridicule…
– Mais non, c'est la tradition ! Allez ! Vas-y ! Ferme les yeux…

(Il ferme les yeux.)

– Pour qui celle-là ?
– Pour maman.
– Pour qui celle-là ?
– Pour tante Adrienne.
– Et celle-là ?
– Pour oncle Charles.
– Pour qui celle-là ?
– Pour toi.
– Et la dernière est pour toi. Bravo mon fils !

(Ils mangent la galette.)

– Je crois que j'ai la fève[2] !…oh ! non, zut ! je l'ai avalée.
– Nicolas ! tu l'as fait exprès.
– Mais non, je plaisante, la voilà votre fève.
– Vive le roi !

1. Sorte de gâteau rond et plat.
2. Petit objet en céramique ou en plastique qu'on cache dans la galette. À l'origine c'était un haricot blanc.

INFORMATIONS

► **L'Épiphanie**

Cette fête religieuse commémore le 6 janvier la visite des trois Rois mages[1]. Ce jour-là on mange une galette[2] dans laquelle est cachée une fève. Celui ou celle qui trouve la fève en mangeant la galette devient le roi ou la reine.

1. Dans la Bible les rois Gaspar, Melchior et Balthazar ont offert des cadeaux à l'enfant Jésus.
2. Cette galette est un gâteau rond et plat, fourré de pâte d'amandes. On dit qu'on «tire les rois».

► **Noël**

Les chrétiens fêtent l'anniversaire de la naissance de Jésus-Christ. On décore un sapin de boules et de guirlandes et on installe une crèche, reproduction de la grotte de Bethléem avec ses personnages bibliques faits en terre cuite, appelés santons[3] dans le Midi. Dans la nuit du 24 au 25 décembre, on se réunit en famille pour un repas spécial : huîtres, foie gras, saumon, dinde farcie aux marrons, bûche[4] de Noël. Le tout accompagné de bons vins et de champagne. Le Père Noël passe dans la nuit quand les enfants dorment. Au petit matin, au pied du sapin, ils découvrent leurs cadeaux.

ffed

3. Mot provençal qui signifie «petit saint». Dans le sud de la France, on peut voir des crèches vivantes dans les églises : des personnes jouent le rôle de la Vierge Marie, Joseph, Jésus…
4. Gâteau roulé.

► **La Chandeleur** *Candlemas*

À l'occasion de cette fête d'origine religieuse, le 2 février, on fait des crêpes… Pour être riche toute l'année on doit les faire sauter avec une pièce de monnaie dans la main.

► **La Saint-Valentin**

La fête des amoureux, le 14 février, n'est pas vraiment une tradition française mais anglo-saxonne (comme Halloween[5] en automne). Elle connaît un certain succès car il est toujours agréable de recevoir un cadeau de celui ou celle qu'on aime.

5. Une fête d'origine celtique : les enfants se déguisent en sorcières et demandent des bonbons.

► **Pâques**

Pour les chrétiens c'est la fête de la résurrection du Christ. C'est au printemps, au mois d'avril. Les enfants cherchent dans les jardins ou dans la maison les œufs en chocolat que les parents ont cachés. La famille se réunit autour d'un bon repas.

► Le 1er avril

Ne croyez pas ce qu'on vous dit ce jour-là ! C'est le jour des farceurs[6] et on peut vous annoncer des fausses nouvelles ou vous accrocher dans le dos des poissons en papier.

6. Personne qui ne parle pas sérieusement et/ou qui joue des tours aux gens.

► En souvenir des deux guerres mondiales

L'armistice entre la France et l'Allemagne a été signée le 11 novembre 1918 (Première Guerre mondiale) et la capitulation allemande le 8 mai 1945 (Seconde Guerre mondiale). On commémore chaque année le souvenir des soldats « morts pour la patrie », en fleurissant ce jour-là les monuments aux morts et en honorant les « anciens combattants »[7]. Le président de la République rallume la flamme de la tombe du soldat inconnu sous l'Arc de Triomphe à Paris.

A NOS MORTS

tanks

7. Les soldats qui se sont battus pendant la guerre.

► Les carnavals

procession

Le plus célèbre des carnavals est celui de Nice, en février. La ville pendant une semaine s'anime de défilés de chars et de grosses têtes grotesques en carton pâte, de batailles de fleurs et de fanfares. Le roi du carnaval est brûlé à la fin de la fête.

► Le 14 Juillet

La fête nationale, qui célèbre la prise de la Bastille[8] reste une fête très populaire. Elle commence le matin par le défilé militaire sur les Champs-Élysées et se termine, dans toute la France, par des feux d'artifices suivis de bals populaires dans la rue ou les casernes de pompiers où on danse jusqu'au petit matin.

8. Au moment de la Révolution, en 1789, La Bastille était une prison.

► La Fête de la musique

Les Français fêtent le premier jour de l'été en musique : musiciens professionnels ou amateurs jouent dans toutes les villes de France, sur les places, et dans les rues pour le plus grand plaisir de tous. Cette fête, initiée par le ministre de la Culture en 1982, est vraiment devenue un des plus grands rassemblements populaires en France.

► La Technoparade

À l'origine la technoparade était une manifestation pour protester contre la discrimination envers les musiques électroniques. En effet, il y a une dizaine d'années, ces musiques étaient associées à la violence, l'alcool et la drogue. En septembre 1998 une vingtaine de chars[9] représentant toutes les tendances de la musique techno ont défilé dans la capitale. Le public a suivi. Depuis chaque automne, la techno-parade fait des milliers d'adeptes.

9. Grosses voitures avec une plate-forme sur laquelle peuvent monter des personnes.

ÉCOUTEZ ET RÉPONDEZ

a. Quelle est la relation entre les personnes qui parlent ?

b. Qu'est-ce qu'elles font ?

c. Qu'est-ce que le père demande à Nicolas ?

d. Est-ce que Nicolas accepte avec plaisir ? Pourquoi ?

e. Qu'est-ce qu'il se passe à la fin du dialogue ?

FAITES LE POINT

❶ Observez

a. Faites un calendrier : notez les fêtes dans l'ordre où elles apparaissent dans l'année.

b. Complétez le tableau.

Fêtes religieuses	Fêtes civiles	Fêtes modernes
_____	_____	_____
_____	_____	_____
_____	_____	_____
_____	_____	_____
_____	_____	_____

❷ Complétez les phrases

a. À Noël les enfants reçoivent des cadeaux au pied du _____.

b. Pour la Technoparade des _____, avec des musiciens, défilent dans les rues.

c. À Pâques, les enfants cherchent des _____ en chocolat dans le jardin.

d. Si on trouve la _____ dans la galette des rois, on devient le roi ou la reine.

e. Pendant le carnaval de Nice, des _____ en carton pâte défilent dans les rues.

f. Le 14 Juillet est la fête _____ de la France.

g. À la Chandeleur on mange des _____.

❸ Répondez aux questions

a. Qui apporte des cadeaux aux enfants à Noël ?

b. Qui participe à la Fête de la musique ?

c. En mémoire de qui est-ce qu'il y a une cérémonie sous l'Arc de Triomphe à Paris ?

d. Quel événement historique fête le 14 Juillet ?

e. Pourquoi est-ce que la Technoparade a été critiquée ?

f. Qu'est-ce qu'on célèbre le 8 mai et le 11 novembre ?

g. Est-ce que la Saint-Valentin est une fête traditionnelle française ?

❹ Donnez votre point de vue

a. Quelles sont les fêtes religieuses ou civiles qui sont célébrées dans votre pays ? Comparez-les avec les fêtes en France.

b. Quelles fêtes est-ce que vous aimez particulièrement ? Pourquoi ?

UN COUPLE EN VOITURE, SUR L'AUTOROUTE

La femme – Tu as vu, hier on a reçu une carte postale de Florence.

L'homme – De Florence en Italie ?

La femme – Mais non, de Florence Maréchal et de son mari. Ils sont en vacances en Corse.

L'homme – Ah ! La Corse ! Quelle merveille ! Quand j'avais 15 ans, je suis allé faire du camping dans le sud de l'île. Souvenir inoubliable !

La femme – Je sais, tu me l'as déjà raconté. Quand je pense qu'on a habité pendant 10 ans sur la côte d'Azur et qu'on n'est jamais allé en Corse. C'est vraiment trop bête.

L'homme – Oui, mais c'est souvent comme ça, on part loin en vacances mais on ne connaît même pas la région où on habite. Ne t'en fais pas, on ira en Corse, si tu veux.

La femme – Quand ?

L'homme – Je ne sais pas, plus tard, on verra, on a le temps…

(Silence)

La femme – Quelle heure est-il ?

L'homme – Deux heures et quart.

La femme – On a mis une heure pour sortir de Paris !

L'homme – Normal, on est le 31 juillet. Tout le monde est sur les routes. Patience.

(Silence)

La femme – C'est vrai ça, on part toujours en vacances dans la famille. C'est bien, mais bon, ça va, la famille, toujours la famille, on ne peut pas changer un peu ? Moi, j'aimerais bien avoir un jour de vraies vacances.

L'homme – Qu'est-ce que tu appelles de « vraies vacances » ?

La femme – Ne pas préparer les repas, aller au restaurant, sortir, visiter des pays différents

L'homme – Comme au Club Med ?

La femme – Oui, par exemple

L'homme – Non merci, sans moi.

La femme – Pourquoi sans toi ?

L'homme – Parce que j'ai horreur des clubs de vacances

La femme – Mais tu n'as jamais été dans un club de vacances, alors comment est-ce que tu sais que tu n'aimes pas ça ?

(Klaxon)

L'homme – Ça n'avance pas.

La femme – S'il te plaît, fais-moi plaisir, dis-moi que les prochaines vacances on prend l'avion pour la Corse, dis-le moi !

L'homme – Hum…

La femme – S'il te plaît !

L'homme – Promis ! mais pas au Club Med. En attendant, téléphone à maman pour lui dire qu'on va arriver plus tard que prévu.

INFORMATIONS

► **Bison futé**

Ce personnage de petit Indien «futé»[1], imaginé par le ministère de l'Équipement, informe les automobilistes tout particulièrement au moment des grands départs des vacances scolaires. Bison futé leur conseille, à la radio et à la télévision, certains itinéraires pour éviter les embouteillages et les accidents : les itinéraires bis.   *traffic jam*

1. Malin, intelligent.   *alternative route*

Destinations préférées des **F**rançais

La mer	*53 %*
La campagne	*27 %*
La montagne	*20 %*
La ville	*16 %*

Sondage IFOP, juin 2001.

monuments historiques, reste la première destination touristique du monde. Moins d'un tiers des Français passent leurs vacances à l'étranger, de préférence en Europe. Mais ils sont de plus en plus attirés par des séjours hors de l'hexagone et

COMMENT SE LOGENT LES FRANÇAIS PENDANT LES VACANCES

Dans leur famille ou chez des amis	35 %
Camping, caravaning	17 %
Location	14 %
Résidence secondaire	10 %
Hôtel	9 %
Gîte et chambre d'hôte	6 %
Village de vacances	4 %

Sondage IFOP, juin 2001.

► **Vive les vacances !**

C'est en 1936 que les Français ont pu prendre leurs premiers «congés payés»[2] : ces deux semaines de liberté ont été une véritable révolution dans leur manière de vivre. Depuis, les vacances se sont allongées jusqu'à 5 semaines et plus... un record mondial !

On prend donc des vacances plus souvent maintenant, mais des vacances plus courtes. Les quinze premiers jours d'août sont la période la plus fréquentée car la majorité des Français cherchent le soleil et la chaleur... et restent en France. Il faut dire que les côtes françaises, de la Bretagne au sud-ouest ou à la Côte d'Azur, offrent de belles plages : plages de sable, de rochers ou de galets... L'hiver, les 357 stations de ski alpin accueillent les skieurs ou les amateurs de montagne. La France, avec ses paysages variés et ses

Location gîte rural en Limousin – département Correze

Gîte des Chaises Basses – au Pays de la Vézère

En pleine campagne, dans un cadre bucolique et dans un calme absolu, une ancienne maison de ferme du 18e siècle, indépendante. Jardin de 2000 m² entouré d'une nature préservée.

Nombre de chambre: 3

Coordonnées du gîte :   *list*

Adresse : Les Chaises Basses à Orgnac-sur-Vézère
Code postal : 19410
Villes proches : Brive/Uzerche/Orgnac-sur-Vézère/Pompadour/Objat/

se laissent séduire par les offres de voyages dans le monde entier qui leur sont proposés sur Internet – Internet qui est devenu la plus grande agence de voyages : un Français sur deux prépare son voyage sur Internet.

2. Cf. Leçon 12.

► Le tourisme vert

Si vous recherchez le calme et le contact avec la nature, choisissez le tourisme vert. Pour mieux connaître le monde rural et déguster les produits régionaux, le séjour à la ferme est une formule intéressante. Si vous préférez être plus autonome, vous pouvez louer un « gîte rural », c'est-à-dire un logement indépendant situé à la campagne. Enfin, être reçu chez l'habitant, en occupant une « chambre d'hôtes », permet d'avoir des contacts humains authentiques et de vivre au quotidien avec les Français.

► Le Club Med

À l'origine, une idée simple : un village de tentes aux îles Baléares. C'était en 1950.
Le premier village de vacances était né. L'année suivante les tentes ont été remplacées par des « cases », sortes d'habitation d'inspiration polynésienne avec un confort minimum mais dans un superbe paysage : l'île de Corfou. L'esprit du Club Méditerranée était de vivre ensemble des vacan-

ces actives, sportives, animées par des « gentils organisateurs » (GO), de bien s'amuser, de se faire des amis et de découvrir des pays étrangers. La formule a eu beaucoup de succès. Il y a aujourd'hui 100 villages dans 36 pays dans le monde. Le Club est devenu un peu plus bourgeois, avec des maisons plus confortables et des séjours plus chers, mais c'est toujours LE Club.

► Paris Plage

40 % des Français ne partent pas en vacances et ce chiffre reste le même depuis les années 1970. Pourquoi ? Certains n'ont pas la nécessité de partir en vacances, d'autres ne le font pas pour des raisons financières (25 %) ou pour des raisons professionnelles : trop de travail, surtout chez les artisans[3] et les commerçants. Les personnes âgées sont souvent obligées de rester chez elles pour des raisons de santé. Pour tous les Parisiens qui ne partent pas, la mairie de Paris a créé « Paris Plage » : Pendant un mois, les quais de la Seine sont interdits à la circulation automobile et transformés en plage de sable avec des chaises longues, des parasols et des hamacs. Des activités sportives sont proposées : taï chi, pétanque, handball etc. Un camion bibliothèque prête des livres. On peut aussi louer des vélos. Tout pour être heureux !

3. Travailleur indépendant ou chef d'une petite entreprise qui fait un travail manuel.

ÉCOUTEZ ET RÉPONDEZ

a. Que font ces personnes ?

b. De quoi est-ce qu'ils parlent ?

c. Où est-ce qu'ils vont ?

d. Que voudrait faire la femme ?

e. Est-ce que l'homme est d'accord ?

f. Qu'est-ce qu'ils décident finalement ?

FAITES LE POINT

❶ Observez et répondez

a. Regardez une carte de France : où est située la Corse ? la Côte d'Azur ?

b. S'ils restent dans leur pays, au bord de quelle(s) mer(s) ou quel océan est-ce que les Français peuvent passer leurs vacances ? Dans quelles montagnes est-ce qu'il peuvent aller ?

❷ Vrai ou faux ?

	V	F
a. 70 % des Français partent en vacances.	☐	☐
b. Les Français préfèrent les vacances d'hiver aux vacances d'été.	☐	☐
c. « Bison futé » est un magazine qui propose des voyages organisés.	☐	☐
d. 20 % des Français partent à la montagne.	☐	☐
e. La majorité des Français se logent à l'hôtel pendant les vacances.	☐	☐
f. La France est la deuxième destination touristique du monde.	☐	☐
g. Il y a beaucoup de stations de ski en France.	☐	☐

❸ Répondez

a. Quelle est la destination préférée des Français ?

b. Pour qui est-ce que la mairie de Paris a inventé « Paris Plage » ?

c. Qu'est-ce que le Club Med ? Est-ce qu'il existe depuis longtemps ?

d. Qu'est-ce qu'une chambre d'hôtes ?

e. Qu'est-ce qu'un gîte rural ?

❹ Donnez votre avis

a. Si vous avez 15 jours de vacances, quelle destination est-ce que vous choisissez ? Reprenez les destinations préférées des Français et classez- les en fonction de votre choix (1 : la destination préférée, 4 : la moins désirée).

b. À votre avis, pour quelles raisons est-ce que les Français préfèrent aller dans leur famille ou chez des amis ?

c. Quel mode de logement préférez-vous en vacances ? Classez par ordre de préférence en reprenant le tableau.

d. Est-ce que vous trouvez l'idée de Paris Plage amusante ? ridicule ? intéressante ? Est-ce qu'on pourrait adapter cette idée dans votre pays ? Dans quelle ville ?

e. Est-ce que vous préparez vos vacances longtemps à l'avance ou est-ce que vous préférez improviser à la dernière minute ?

f. Comment est-ce que vous choisissez votre destination ? Vous regardez les offres sur Internet ? vous allez dans une agence de voyages ? vous écoutez les conseils de vos amis ? vous lisez des magazines, des guides ou d'autres livres ?

UN COUPLE DISCUTE.

– Je viens de recevoir un courriel[1] d'Emeline.
– Qu'est-ce qu'elle dit ?
– Elle part au Japon.
– Pour quoi faire ?
– Pour visiter.
– Elle a les moyens[2] ! Ça coûte cher un billet d'avion pour le Japon !
– Elle a trouvé un billet pas cher sur Internet : Paris-Tokyo, 650 euros.
– C'est vrai, ce n'est pas cher, mais personnellement je n'aime pas acheter mes billets sur Internet. C'est trop risqué.
– Pas du tout ! la plupart des sites sont sécurisés.
– Je préfère quand même aller dans une agence de voyages.
– Il faut évoluer avec son temps ! Emeline, c'est une fille du XXIe siècle. Elle fait tout sur Internet… même ses courses, et elle a un blog.
– Un quoi ?
– Un blog : c'est un site que tu crées toi-même et où tu mets ce que tu veux. Elle, comme sa passion c'est les voyages, elle a fait un blog sur les voyages. Elle a mis toutes ses photos, elle raconte ses expériences et elle reçoit plein de courrier.
– Pas mal…
– Il y a même des gens qui se rencontrent sur Internet et qui se marient !…
– Émeline rencontrera peut-être l'homme de sa vie sur Internet.
– Peut-être…

---

1. Un courrier électronique.
2. Elle a de l'argent.

INFORMATIONS

▶ Les internautes français

En 2005[1], 32 % des Français étaient connectés à Internet chez eux, et plus de 40 % dans la capitale – ce qui explique qu'on ne trouve pas beaucoup de cybercafés[2] à Paris. On estime qu'un quart de la population française se connecte chaque jour, soit pour surfer sur Internet (77 %), soit pour consulter sa messagerie électronique (73 %). Mais les Français sont encore timides pour les achats en ligne : beaucoup pensent que les modes de paiement ne sont pas assez sécurisés. Les nouvelles technologies ouvrent aussi d'autres possibilités, dans le domaine du travail par exemple. Le rêve, pour certains, de travailler chez soi est devenu réalité : On estime à 7 % le nombre[3] des salariés qui travaillent chez eux ou loin de l'entreprise dont ils dépendent. La progression du « télétravail » en France est lente mais régulière. Enfin, le « e-learning », la formation en ligne, plaît aux entreprises qui voient dans cette nouvelle méthode, souvent associée à l'enseignement traditionnel, un moyen de former à distance, plus rapidement et pour un coût plus bas, un grand nombre de leurs salariés.

1. INSEE, mai 2006.
2. Café où on peut se connecter à Internet.
3. Forum des droits sur Internet, décembre 2004.

Si demain vous ne deviez garder pendant 6 mois qu'un seul des éléments suivants : radio, TV, Internet et téléphone portable, vous garderiez quoi en premier ?

Téléphone portable	33 %
Accès Internet	28 %
Radio	22 %
TV	17 %

Sondage Sofres pour *Télérama*, 2005

▶ Les jeux vidéo

En 2004, pour la première fois en France le produit culturel le plus vendu a été un jeu vidéo qui racontait les aventures de policiers dans une ville américaine. Vendu à un million d'exemplaires, derrière le livre best seller, Le *Da Vinci Code*, vendu à 800 000 exemplaires. Les parents s'inquiètent de voir leurs enfants passer des heures à jouer à ces jeux parfois violents et s'enfermer dans un monde virtuel. Est-ce qu'il ne risquent pas de devenir totalement dépendants et de ne

---

Loisirs et technologie

Proportion de Français déclarant pratiquer certaines activités de loisirs (2003, en %)

Téléphoner	96
Écouter de la musique	92
Regarder un film à la télévision	91
Aller au cinéma	50
Surfer sur Internet	43
Regarder un film sur DVD	40
Effectuer des activités de loisirs sur un ordinateur (scanner les photos, télécharger de la musique, faire des montages vidéos…)	35
Jouer à des jeux vidéo sur un ordinateur	23
Jouer à des jeux vidéo sur une console de jeux	16
Jouer à des jeux vidéo sur un téléphone portable	7

(D'après Francoscopie)

Connexion Internet en Europe

Proportion de ménages disposant d'une connexion Internet dans quelques pays d'Europe (2005, en %)

Pays	%
Pays –Bas	78
Danemark	75
Suède	73
Allemagne	62
Royaume-Uni	60
Finlande	54
Belgique	50
Italie	39
France	38
Espagne	36

(d'après Francoscopie)

plus faire la différence entre la vie réelle et ce monde imaginaire? Mais on constate que ces jeux n'intéressent pas seulement les adolescents. En 2003, 30 % des amateurs de jeux vidéo avaient plus de 35 ans. Les défenseurs de ce nouveau divertissement affirment que les jeux vidéo créent une nouvelle convivialité: on peut jouer avec des amis et, quand on est connecté à Internet, on peut jouer en ligne avec des partenaires qu'on ne connaît pas. Les jeux vidéo vont-ils remplacer les traditionnels «jeux de société», comme le Monopoly ou le Scrabble?

► Mon blog et moi

Le mot «blog» est entré dans le dictionnaire en juillet 2006, mais le phénomène date de 1999. Contraction de «Web», en français la «Toile» ou Internet, et de «log», un journal de bord dans l'aviation et la marine, le blog est un lieu d'échange sur Internet que chacun peut créer avec un logiciel: cela peut être un journal intime pour parler de sa vie privée, partager ses émotions, montrer ses photos de vacances. Ce type de blog est particulièrement à la mode chez les adolescents. Il existe aussi des blogs thématiques: les passionnés de cuisine peuvent par exemple échanger leurs recettes sur un blog consacré à leur passe-temps préféré, ou les globe-trotters échanger leurs bonnes adresses et leurs recommandations. Pour les fous de musique, les audioblogs diffusent des extraits d'albums, des critiques de concerts etc.

Des artistes font aussi des blogs pour exposer leurs œuvres et voir les réactions du public.

Le blog est en effet très interactif. Ainsi des blogs de quartier donnent l'occasion de connaître les personnes qui habitent près de chez vous, échanger des services, organiser des activités ou des actions. Le blog, une nouvelle approche des relations sociales?

ÉCOUTEZ ET RÉPONDEZ

a. À votre avis qui est Émeline ?

b. Qu'est-ce qu'elle va faire ?

c. Pourquoi est-ce qu'on parle d'Internet ?

d. Pourquoi est-ce qu'Émeline est une fille du XXIe siècle ?

e. À quoi est-ce qu'Émeline s'intéresse ?

f. Qu'est-ce que ses amis lui souhaitent ?

FAITES LE POINT

❶ Observez

a. Regardez le sondage «Loisirs et technologie». Dressez la liste de toutes les activités sur un ordinateur et totalisez les points. Quelles sont vos conclusions ?

b. Est-ce que les réponses dans le sondage sur le choix entre le portable, Internet, la radio et la TV vous surprennent ? Pourquoi ? Que répondez-vous personnellement à cette question ?

c. Regardez le tableau sur la connexion Internet en Europe. Est-ce que les habitants du sud de l'Europe sont plus nombreux à être connectés ou moins nombreux que les habitants du nord de l'Europe ?

❷ Cochez les bonnes réponses

a. Les jeux vidéo ont un grand succès en France. ☐

b. 80 % des amateurs de jeux vidéo sont des jeunes. ☐

c. Les parents encouragent les jeux vidéo. ☐

d. La moitié de la population française se connecte chaque jour à Internet. ☐

e. Le télétravail progresse doucement mais sûrement. ☐

f. La formation en ligne est souvent associée à un enseignement traditionnel. ☐

❸ Répondez

a. Pourquoi est-ce que les parents ont souvent peur des jeux vidéo ?

b. Qu'est-ce qu'un cybercafé ?

c. Pourquoi est-ce que les Français ne font pas souvent leurs achats «en ligne» ?

d. Qu'est-ce qu'un «blog» ?

e. Quels sont les différents types de blog ?

❹ Donnez votre avis

a. Est-ce qu'Internet est plus utilisé dans votre pays qu'en France ?

b. Est-ce que vous utilisez Internet ? Pour quelles activités ?

c. Dans les 5 activités de loisirs citées dans le sondage «Loisirs et technologie», laquelle est-ce que vous pratiquez le plus ? Classez les autres par ordre décroissant (de la plus pratiquée à la moins pratiquée)

d. Est-ce que vous aimez les jeux vidéo ? Pourquoi ?

e. Est-ce que vous pourriez vivre deux semaines sans téléphone ? Pourquoi ?

f. Que pensez-vous du «télétravail» ? Expliquez les avantages et les inconvénients.

g. Avez-vous un blog ? Qu'est-ce que vous mettez dans ce blog ? Si vous n'en avez pas, est-ce que vous aimeriez en avoir un ? Pour faire quoi ?

Bilan nº 1

1 Charade

Mon premier est le verbe *avoir* au présent à la première personne du singulier (avec «je»).

Mon deuxième est le participe passé du verbe *naître*.

Mon troisième est le verbe *avoir* à la troisième personne du singulier du présent.

Mon quatrième est quelque chose qu'on boit.

Mon cinquième est la dixième lettre de l'alphabet.

Mon tout intéresse beaucoup les Français.

2 Mots croisés

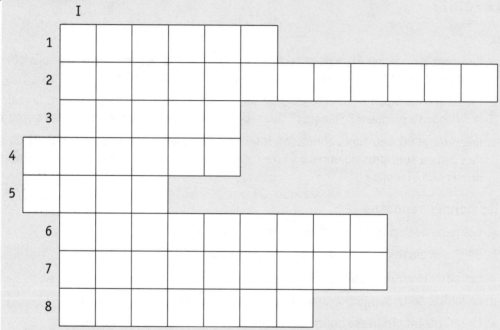

Horizontal

1. Endroit où on se marie et où on déclare la naissance d'un enfant.
2. On le fête chaque année en mettant des bougies sur un gâteau.
3. Une des couleurs du drapeau français.
4. On y écrit les informations sur la famille (mariage, naissances, décès).
5. Il rend officielle l'union de deux personnes de même sexe ou de sexe opposé.
6. Adjectif qui décrit une famille de trois enfants ou plus.
7. Adjectif qui décrit une politique encourageant les citoyens à avoir des enfants.
8. Fait partie de la devise de la République française.

Vertical

I. Nom de la femme qui personnifie la France.

3 Complétez

a. L'animal qui représente la France est _____

b. La devise de la France est _____

c. L'âge de la majorité en France est _____

d. La population de la France (métropole et DOM TOM) en 2006 était d'environ :
   ☐ 57 millions
   ☐ 60 millions
   ☐ 63 millions d'habitants.

e. La France occupe la _____ place en Europe pour le nombre d'animaux domestiques ?

4 Observez

Regardez ces deux graphiques et faites une phrase pour expliquer ce qu'ils montrent.

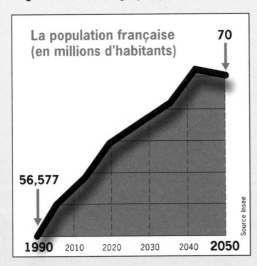

_____

_____

5 Complétez

a. Un monsieur serre la main de son avocat.

Il lui dit : « Merci beaucoup, _____ ».

b. Une dame arrive chez son dentiste.

Elle lui dit « Bonjour _____ ».

c. Deux amies se croisent dans la rue.

Elles peuvent se faire une, deux ou même quatre _____ .

d. Deux copains se rencontrent à un match de foot :

« _____ , on prend un verre après le match ? »

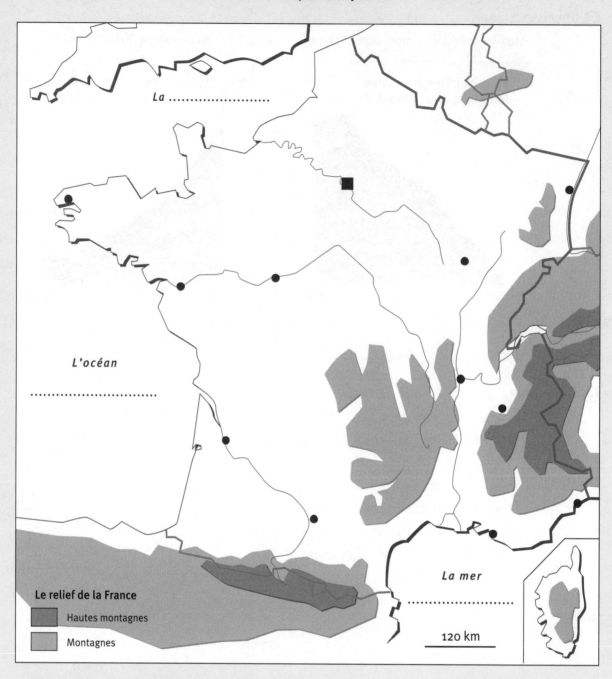

La ....

L'océan

....

Le relief de la France

Hautes montagnes

Montagnes

La mer

....

120 km

❶ Donnez le nom :

a. des villes indiquées

b. des fleuves, des montagnes et des mers

c. des pays qui ont une frontière avec la France.

❷ Cochez la bonne réponse

a. La France a la forme d'un hexagone, une figure géométrique de :
☐ six côtés   ☐ sept côtés   ☐ huit côtés.

b. La superficie de la France est de : ☐ 451,200 km²   ☐ 551,602 km²   ☐ 630,300 km²

c. La France a :   ☐ 22   ☐ 25   ☐ 30 régions.

d. Paris « intra muros » compte environ :
☐ 2 100 000 habitants   ☐ 3 100 000 habitants   ☐ 4 100 000 habitants

3 Trouvez

Trouvez les noms cachés dans la grille.

Horizontal

1. Capitale de la Nouvelle Calédonie.
2. Il est cultivé à la Réunion.
3. Le plus grand département d'outre-mer.
4. Une des deux grandes îles des Antilles françaises.
5. Cette fusée est lancée du centre spatial de Kourou / la plus grande île de Polynésie française.
6. La capitale de cette île.
7. Fleuve qui traverse Paris.

Vertical

2. Fleuve qui traverse Tours
5. Habitant de Nouvelle-Calédonie
9. Une île située au nord ouest de Madagascar
13. Grande ville de France où il fait bon vivre
14. Une île située entre la Nouvelle-Calédonie et Tahiti

	1	2	3	4	5	6	7	8	9	10	11	12	13	14
1	A	U	L	B	A	N	O	U	M	E	A	U	L	W
2	R	L	O	U	P	E	N	C	A	F	E	L	Y	A
3	G	O	U	S	K	E	G	U	Y	A	N	E	O	L
4	E	I	G	U	A	D	E	L	O	U	P	E	N	L
5	A	R	I	A	N	E	S	I	T	A	H	I	T	I
6	X	E	V	P	A	P	E	E	T	E	U	S	R	S
7	O	B	A	U	K	O	C	S	E	I	N	E	S	E

4 Conseillez

Votre amie Sonia va venir à Paris. Elle a fait une liste des choses qu'elle aimerait faire.
Aidez-la.

1. Voir des peintures impressionnistes
2. Visiter une grande cathédrale gothique
3. Faire le tour d'une grande place
4. Monter sur un monument
5. Admirer tout Paris du haut d'une colline.

Pour voir des peintures impressionnistes, tu dois aller _____

Pour visiter une cathédrale gothique _____

❶ Répondez

<table>
<tr><td></td><td>oui</td><td>non</td></tr>
</table>

a. En France, quand on vous offre un cadeau est-ce que vous devez l'ouvrir tout de suite ? ☐ ☐

b. Quand on habite dans un immeuble, est-ce qu'on peut faire une fête chez soi toute la nuit une fois par mois sans risquer une amende ? ☐ ☐

c. Est-ce qu'on peut demander un service à sa concierge ? ☐ ☐

d. Est-ce qu'on peut inviter un client à déjeuner pour parler affaires ? ☐ ☐

e. Est-ce qu'il faut toujours arriver à l'heure, et même en avance, quand on est invité à dîner chez des Français ☐ ☐

❷ Rayez ce qui n'est pas exact

a. Les Français mangent de plus en plus/de moins en moins de pain

b. Les Français déjeunent de plus en plus/de moins en moins dans les établissements de restauration rapide

c. Les Français boivent de plus en plus/de moins en moins de vin.

d. Le petits Français mangent un sandwich/un repas chaud à l'école.

e. Le bac est un examen à la fin du collège/du lycée

f. Pour entrer dans une grande école il faut passer un examen/un concours

❸ Mettez dans l'ordre.

Numérotez les éléments dans un ordre chronologique.

a. ☐ Goûter ☐ Petit déjeuner ☐ Déjeuner ☐ Dîner

b. ☐ Plat ☐ Apéritif ☐ Café ☐ Entrée ☐ Digestif ☐ Dessert

c. ☐ Université ☐ Maternelle ☐ Collège ☐ École primaire ☐ Lycée

d. ☐ Mastère ☐ Bac ☐ Doctorat ☐ Licence

❹ Expliquez

Que veulent dire ces sigles ou ces abréviations ?

a. SDF _____

b. HLM _____

c. CE1 _____

d. HEC _____

e. Une prépa _____

f. Sciences-Po _____

❺ Répondez

a. Connaissez-vous la cuisine française ? Citez deux spécialités.

_____

b. Pourquoi est-ce qu'on dit que l'État français est « laïc » ? _____

_____

c. Quand a lieu la rentrée scolaire en France ? Quel mois ? _____

d. Que propose le programme Erasmus ? _____

_____

6 Conseillez

a.

b.

c.

d.

e.

a. « Je déteste être seul. J'aime bien rencontrer des gens. J'ai un petit budget. »

b. « Jardiner est mon passe-temps favori mais j'aime aussi jouer du piano ».

c. « Mon salaire est vraiment très modeste. J'ai de la difficulté à trouver un logement. »

d. « Je suis un touriste. Je viens visiter la France ».

e. « J'aime bien la campagne et j'adore découvrir de nouvelles régions de France.

Quel logement est-ce que vous leur conseillez ? Inscrivez la lettre correspondante.

☐ Une maison individuelle ☐ Un gîte rural ☐ Une HLM ☐ Un hôtel ☐ Une colocation

7 Devinez

Trouvez le(s) mot(s) correspondant aux définitions suivantes.

a. Après cette classe on peut arrêter ou continuer ses études :

La T _____

b. Examen qu'on passe à la fin des études secondaires :

Le b _____

c. On peut y entrer seulement quand on a réussi un concours.

Une g _____ é _____

d. Programme qui permet de continuer ses études dans différentes universités européennes.

E _____

e. C'est un principe qui montre la séparation de l'État et de la religion.

La l _____

8 Récapitulez

Expliquez le système éducatif français en classant les éléments ci-dessous dans l'ordre correct.

☐ Seconde (2ⁿᵈᵉ)

☐ Cours Élémentaire 1ʳᵉ année (CE1)

☐ Sixième (6ᵉ),

☐ Troisième (3ᵉ)

☐ Première (1ʳᵉ)

☐ Terminale

☐ Cours Moyen 2ᵉ année (CM2)

☐ Quatrième (4ᵉ)

☐ Cours Préparatoire (CP)

☐ Cinquième (5ᵉ)

☐ Cours Moyen 1ʳᵉ année (CM1)

☐ Cours Élémentaire 2ᵉ année (CE2)

1 Complétez

> Je bosse dans une .... Mon contrat de travail ? J'ai seulement un .... pour le moment mais je suis sûre qu'on va me donner un .... après. Je ne gagne pas beaucoup d'argent : Je suis payée au ...., mais comme je travaille beaucoup, j'ai des .... et comme ça je peux pratiquer ma passion : le jardinage

Complétez en choisissant les sigles appropriés dans la liste suivante :

TVB, RSVP, CDI, Assedic, RTT, CGT, PME, TGV, SMIC, CDE, ANPE, TVA

2 Choisissez la bonne réponse

a. « Faire la grève » signifie :
- ☐ 1. Arrêter le travail volontairement pour protester
- ☐ 2. Arrêter de manger

b. Un « chômeur » est :
- ☐ 1. Une personne qui a très chaud
- ☐ 2. Une personne qui n'a pas de travail

c. Un fonctionnaire est
- ☐ 1. Une personne qui a une fonction importante
- ☐ 2. Une personne qui est employée par l'État

d. Qu'est-ce qu'un « CV » ?
- ☐ 1. Un document qui résume la situation familiale et professionnelle
- ☐ 2. Une somme d'argent qu'on doit payer quand on est stationné sur une place interdite

e. Le secteur d'activité le plus important en France est :
- ☐ 1. l'agriculture (secteur primaire)
- ☐ 2. l'industrie (secteur secondaire)
- ☐ 3. les services (secteur tertiaire)

❸ Vrai ou faux ?

		V	F
a.	Les Français ont en général 5 semaines de congé payés.	☐	☐
b.	Dans la population française les femmes représentent presque la moitié de la population active.	☐	☐
c.	La loi sur l'égalité des salaires pour les hommes et les femmes est strictement observée.	☐	☐
d.	Plus de la moitié des salariés français sont syndiqués.	☐	☐
e.	Le moyen de transport préféré de Français est la voiture.	☐	☐
f.	En France on peut passer son permis de conduire à 16 ans.	☐	☐
g.	L'aéroport de Paris-Charles de Gaulle est le 2e plus grand aéroport du monde.	☐	☐

❶ Reliez (plusieurs possibilités)

1. Arte •   • a. Chaîne généraliste
2. M6 •   • b. Chaîne franco-allemande
3. France 2 •   • c. Chaîne qui diffuse beaucoup d'émissions éducatives
4. France 3 •   • d. Chaîne payante
5. Canal Plus •   • e. Chaîne qui montre beaucoup de clips musicaux
6. France 5 •   • f. Chaîne qui produit des émissions régionales
7. TF1

❷ Vrai ou faux ?

		V	F
a.	La presse régionale a plus de lecteurs que la presse nationale.	☐	☐
b.	Les Français lisent plus les quotidiens que les magazines.	☐	☐
c.	Les Français croient plus ce que dit la radio que ce que dit la télévision.	☐	☐
d.	Les journaux gratuits n'ont pas beaucoup de succès en France.	☐	☐
e.	Il existe 4 chaînes de télévision publiques en France.	☐	☐

❸ Classez les journaux ou magazines suivants dans les catégories données

Version Fémina, Paris Match, Le Figaro, Ouest-France, Libération, Capital, L'Express, Le Nouvel Observateur, Le Monde, Le Parisien, Voici.

Quotidiens nationaux	Quotidiens régionaux	Magazines d'actualité	Autres magazines

❹ Devinez

Devinez quelle station de radio écoutent ces personnes :
une radio libre, Radio Nostalgie, France Inter, France Culture, NRJ, France Info, Skyrock.

a. « J'adore écouter les chansons de ma jeunesse, des années 1970. » _____

b. « J'achète souvent un livre ou je vais voir une pièce de théâtre parce que j'en ai entendu parler à la radio. » _____

c. « Je m'informe sur l'actualité nationale et internationale tous les jours en écoutant la radio. » _____

d. « La radio ? je l'écoute surtout pour la musique. Je suis un fou de rock. » _____

e. « Ce qui m'intéresse, c'est de savoir ce qui se passe dans mon quartier. » _____

❺ Soulignez les erreurs dans ce texte puis réécrivez-le sans erreur.

Les Français aiment parler de leur argent. C'est pourquoi ils n'hésitent pas à parler de leur salaire. Ils n'utilisent pas encore beaucoup les services des « banques en ligne » (banques sur Internet) car ils préfèrent aller en personne aux guichets de leur banque habituelle. La moitié des Français paient leurs achats avec une carte bancaire et ils n'utilisent plus du tout les chèques bancaires. La monnaie de la France est l'euro depuis l'an 2000.

❻ Complétez

a. R _ D _ V _ _ _ E   Taxe sur les postes de télévision

b. _ _ B   Relevé d'identité bancaire

c. A _ _ _ _ N _ T _ V _ _   Médecines différentes de la médecine officielle

d. E _ _ I _ _ B _ _   Commerce qui favorise les petits producteurs des pays en voie de développement

e. M _ _ _ _ É   Lieu en plein air où on peut acheter des légumes et des fruits frais.

f. H Y _ _ _ M _ _ _ _ _ _   Grands supermarchés situés en général à la périphérie des villes.

❼ Mettez dans l'ordre

Visite chez le médecin

☐ a. Le médecin me donne une ordonnance.

☐ b. Je présente ma carte Vitale.

☐ c. Je choisis mon médecin généraliste et en informe ma caisse d'assurance maladie.

☐ d. Je suis remboursé.

☐ e. Je vais chez le pharmacien acheter des médicaments.

☐ f. Je paie le médecin.

☐ g. Je vais chez le médecin.

❶ Complétez le texte avec les mots proposés.

Jardin partagé – chiner – bricoler – casino – brocantes – tiercé – l'hippodrome

Madame Truc est secrétaire dans une entreprise de construction à Tours. Il y a deux ans, elle a acheté un beau trois pièces en ville. Elle a peint, rénové et décoré son appartement avec plaisir parce qu'elle aime _____. Le dimanche, elle va souvent dans des _____ pour _____ quelques objets anciens. Depuis qu'elle fait partie d'une association de quartier qui a créé un _____, jardiner est devenu son passe-temps préféré. Son mari, lui, aime jouer. Il va souvent regarder les courses de chevaux à _____ et gagne parfois au _____. Pour leur anniversaire de mariage, il l'a emmenée au _____. Ils ont joué à la roulette et aux machines à sous et ont perdu 200 euros. Mais ils se sont bien amusés.

❷ Répondez aux questions.

a. Qu'est-ce que le 7ᵉ art ?

_____

b. Pouvez-vous citer le nom de deux chanteurs français ? Lesquels ?

_____

c. Connaissez-vous le nom du théâtre le plus prestigieux de Paris ?

_____

d. Pourquoi est-ce que Paris est la capitale du cinéma ?

_____

e. Comment s'appelle le journal des sports ?

_____

f. Quel événement sportif évoque le nom de Pierre de Coubertin ?

_____

g. Qu'est-ce que la « Grande Boucle » ?

_____

h. Qu'est-ce qui se passe au stade de Roland-Garros chaque année ?

_____

❸ Barrez la réponse incorrecte.

a. Les Français préfèrent pratiquer **les sports individuels/les sports d'équipe.**

b. L'activité sportive la plus pratiquée par les Français est **la randonnée/la natation.**

c. Le premier événement sportif en France est les **24 heures du Mans/le Tour de France.**

d. Le vendredi soir à Paris a lieu une grande balade **à vélo/en rollers.**

e. Les femmes françaises sont **moins nombreuses/aussi nombreuses** à participer aux compétitions sportives.

Bilan n° 7

1 Lisez ce document et répondez aux questions

Opération Solidarité Informatique pour tous

Afin de lutter contre «la fracture numérique»
et favoriser l'égalité des chances, notre association,
à but non lucratif régie par la loi de 1901,
a pris la décision de prêter à toute personne
en difficulté sociale un ordinateur.

Alors si vous êtes sans emploi, au RMI, en surendettement, au lycée, étudiant, à la retraite ou non
imposable, vous êtes prioritaire pour le prêt.

RENSEIGNEMENTS : 08 91 70 02 07

---

a. Qui a écrit ce document?

b. Que signifient «RMI» et «surendettement»?
(Vous pouvez, si nécessaire, relire les leçons 13 et 23.)

c. À qui est destiné ce document?

d. Que propose ce document?

e. À votre avis, que veut dire «la fracture numérique»?

2 Qui fait quoi?

a. Nous collectons des objets pour les revendre
et financer nos actions sociales.

b. Nous offrons des repas gratuits aux plus pauvres.

c. Nous luttons contre les discriminations raciales.

d. Nous défendons les consommateurs.

e. Nous soignons les personnes dans le monde entier.

1. Que choisir?

2. Médecins dans frontières

3. Les compagnons d'Emmaüs

4. SOS Racisme

5. Les Restaurants du cœur

3 Cherchez l'intrus

a. Noël/Pâques/la Technoparade/l'Épiphanie

b. Le 11 Novembre/la Fête de la musique/le 14 Juillet/le 8 Mai

c. Cadeaux/sapin/crêpes/crèche

d. Feux d'artifices/bal/chars/défilé

e. Grosses têtes/poissons en papier/fanfares/batailles de fleurs

4 Devinez

a. On dit qu'il est «futé» (malin). C'est un petit Indien qui informe les automobilistes et leur conseille les meilleurs itinéraires. Qui est-ce?

b. C'est la destination de vacances préférée des Français. Qu'est-ce que c'est?

c. C'est un club de vacances qui offre beaucoup d'activités. Qu'est-ce que c'est?

d. C'est une nouvelle manière de travailler en restant à la maison. Qu'est-ce que c'est?

e. C'est un café où on peut utiliser des ordinateurs. Qu'est-ce que c'est?

f. C'est un site qu'on crée sur Internet pour partager ses passions. Qu'est-ce que c'est?

Corrigés des exercices

Leçon 1

1er dialogue
a. parce que sa sœur a un petit garçon.
b. Son prénom est Théo. Son nom de famille est Kernouac.
c. Il a reconnu l'enfant et l'a déclaré à la mairie.
d. De Bretagne.
e. Oui parce qu'on peut donner le nom de famille de la mère, ou du père ou des deux dans mon pays aussi.

2e dialogue
a. Une avocate téléphone à un monsieur qui s'appelle Monsieur Corsini. Ce monsieur est en réunion. Sa secrétaire prend le message.
b. Elle dit « vous » parce qu'elle ne la connaît pas.
c. Elle dit « maître » parce que c'est comme ça qu'on appelle un(e) avocat(e).
d. Son nom a la particule « de ».
e. Non, il n'y a pas de différence entre « tu » et « vous » dans ma langue.

1 **a. Prénoms :** Claude, Fernand. ; **professions :** Marin, Boucher. **Caractéristiques physiques :** Legros, Petit, Beau, Legrand. **Lieux d'habitation :** Dupont, Château, Bourgogne.
On voit un bébé qui sort d'un chou.
b. parce qu'on dit que les garçons naissent dans les choux.
c. L'annonce du *Monde* est plus classique dans le style et les parents sont mariés. L'annonce de *Libé* est écrite dans un style plus poétique et dynamique (« un petit ange », « folles de joie ») et les parents ne sont pas mariés (deux noms différents).

2 **a.** un avocat et un notaire. **b.** deux, trois ou quatre. **c.** de son père, de sa mère ou de ses deux parents. **d.** « tu ».

3 **a.** pour trouver leurs origines, l'histoire de leur famille. **b.** à la mairie. Dans mon pays aussi. **c.** On envoie des faire-parts ou on met des annonces dans les journaux. Dans mon pays on téléphone, on envoie des lettres ou on parle directement aux personnes. **d.** Un document qui contient toutes les informations sur la famille. Non il n'y a pas de livret de famille dans mon pays. On a juste un certificat de naissance. **e.** Laplace, Arhab, Laplace-Arhab, Arhab-Laplace. **f.** Un nom à particule est un nom avec « de », c'est souvent un nom noble.

4 **a.** Clara et Mathis. Oui, Sébastien, Clotilde, Émilie, Norma, Julie, Jules.... **b.** Je pense que c'est intéressant de connaître ses origines. Non, je n'ai pas fait de recherches sur ma famille mais je sais que ma mère était d'origine italienne et mon père d'origine écossaise. Leurs deux familles ont émigré aux États-Unis. **c.** Cette loi me semble bonne parce qu'il est normal d'avoir le choix de donner le nom du père ou de la mère. Mais cela va être compliqué pour les générations suivantes (16 possibilités !).

Leçon 2

a. Ils regardent des photos.
b. Ils parlent de la Coupe du monde de football de 1998. La France a gagné.
c. parce que tous les gens étaient unis.
d. bleu, blanc, rouge.
e. L'hymne national français.
f. Ses parents viennent d'Algérie.
g. bleu, blanc, rouge.
h. Elle dit que les immigrés doivent rentrer chez eux.

1 **a.** Le bonnet révolutionnaire, le bonnet « phrygien ». **b** Elles sont très fortes et violentes. **c.** Le coq parce que « coq » en latin se dit *gallus*, mot qui veut dire aussi « Gaulois », nom des premiers habitants de la France.

2 **a.** vrai, **b.** faux, **d.** faux, **e.** faux, **f.** vrai, **g.** faux.

3 **a.** oui , **b.** liberté, égalité, fraternité, **c.** Marianne, **d.** parce que c'était un chant militaire qui a été choisi par les troupes marseillaises comme chant de marche. **e.** 18 ans. C'est le même âge dans mon pays. **f.** Il doit faire une demande.

4 **a.** Oui, c'est important parce que cela fait partie de l'histoire du pays et qu'ils symbolisent les valeurs communes d'un pays. Oui, je connais mon hymne national et les emblèmes de mon pays. **b.** 18 ans c'est bien. **c.** Ne pas connaître la langue et les traditions de ce pays, vivre loin de sa famille et de ses amis.

Leçon 3

a. Elles sont dans un grand magasin.
b. elle est argentine.
c. Elle cherche un cadeau pour la fête des mères.
d. Elle lui dit qu'en Argentine on fête toutes les mères pas seulement sa mère.
e. À la fin de l'année universitaire.

1 **a.** Attachés à la tradition parce qu'ils préfèrent le mariage à l'union libre ou au PACS. **b.** Libéraux parce qu'ils estiment que les familles recomposées sont de vraies familles. **c.** Insatisfaits parce que la moitié jugent la politique familiale du gouvernement insatisfaisante.

2 **a.** 2 enfants. **b.** diminue. **c.** tard. **d.** pour tous les couples. **e.** dans une maison de retraite. **f.** pas bonne. **g.** très tard. **h.** très importante.

3 **a.** Le pacte civil de solidarité permet à 2 personnes habitant ensemble de s'unir devant la loi. On peut faire une déclaration d'impôts commune (et donc payer moins d'impôts), chacun garde son nom et on peut se séparer plus facilement. **b.** Vivre en « union libre » c'est vivre en couple sans être mariés. **c.** Une famille monoparentale est une famille avec un seul parent. Une famille recomposée est une famille avec des enfants nés de différents mariage. Une famille nombreuse est une famille 3 enfants ou plus. **d.** Les personnes âgées. **e.** Il donne des allocations familiales, des réductions (transports, cinéma, musées...) La moitié des Français pensent que ce n'est pas suffisant.

4 **a.** C'est bien parce que les enfants sont le futur d'un pays. **b.** Il n'y a pas assez d'enfants dans mon pays. **c.** Non, je ne vois pas vraiment les raisons de se « pacser », sauf pour les couples homosexuels. Pour moi, non. **d.** La vie familiale et la santé sont deux priorités pour moi dans la vie. Je préfère le mariage. Les familles recomposées sont de vraies familles. La politique familiale du gouvernement est satisfaisante. **e.** Oui, les personnes âgées doivent être respectées et écoutées parce qu'elles ont de l'expérience. Elles ont le droit de se reposer à la fin de la vie. On doit construire des maisons de retraite agréables qui sont ouvertes sur la vie extérieure et où il y a des activités. **f.** Vers 20 ans.

Leçon 4

a. Une gardienne d'immeuble et une vieille dame.
b. Toto est le chien de la vieille dame.
c. Un autre chien l'a mordu.
d. La compagnie du gaz et de l'électricité va passer pour relever le compteur.
e. Parce que la gardienne va ouvrir la porte de l'appartement de la vieille dame pour les employés du gaz et de l'électricité.
f. Oui, ils sont sympathiques

1 **a.** Peut-être pas de très bons voisins parce que seulement 28% rendent service à leurs voisins. Ils ne deviennent pas amis facilement avec leurs voisins. Mais au moins ils ne les ignorent pas. **b.** Les jeunes semblent faire moins attention à leurs voisins, peut-être parce que, quand on est jeune, on sort beaucoup et on est moins souvent à la maison. **c.** Les provinciaux semblent devenir amis avec leurs voisins plus facilement que les Parisiens. **d.** Les gens ont un animal familier parce qu'ils aiment les animaux et que les animaux sont une agréable compagnie.

2 **a.** première. **b.** prendre un verre. **c.** repas de quartier. **c.** une loge.

3 **a.** Non, pas souvent. **b.** un(e) concierge. **c.** 50%. **d.** les rues sales.

4 **a.** Non. **b.** Oui, les concierges peuvent être utiles pour arroser les plantes, nourrir le chat quand on n'est pas là, ou laisser un message ou des clés à un ami qui doit passer par exemple. **c.** Non, je ne deviens pas ami avec mes voisins, je leur rends quelquefois service, il m'arrive de discuter avec eux, je leur dis toujours bonjour et je ne fais jamais rien pour les éviter. **d.** Oui, j'y vais parce que je trouve l'idée sympathique et je veux connaître des personnes qui habitent mon quartier. **e.** Il y a beaucoup d'animaux dans mon pays. Il ne faut pas limiter le nombre d'animaux par habitant, excepté si cela devient un très grave problème (animaux agressifs, saleté, etc.)

Leçon 5

a. Elles jouent à un jeu de devinettes.
b. Non, je ne connaissais pas ce mot. C'est l'art de bien manger.
c. Oui, Bordeaux. Un ami français m'a donné une bouteille de vin de Bordeaux.
d. La choucroute et les saucisses de Strasbourg, les crêpes de Bretagne, la tartiflette et la fondue de Savoie, les vins de Bordeaux, les champignons de Paris, les escargots de Bourgogne, la bouillabaisse de Marseille, la moutarde de Dijon.
J'ai mangé des tartiflettes dans une station de ski dans les Alpes.
e. Oui, le foie gras dans le Sud-Ouest.

1 b. Les frontières avec la Belgique, le Luxembourg, l'Allemagne (1), la Suisse et l'Italie (2), l'Espagne (3) et la côte méditerranéenne (4), la côte de l'océan Atlantique (5), la côte de la Manche (6).
c. Dans le Sud-Est parce qu'il fait plus beau et plus chaud qu'à Paris. Toulouse : La Garonne. Tours : La Loire.

2 a. Le Luxembourg. **b.** le Rhin. **c.** Le Jura. **d.** la Manche.

3 a5, b7, c2, d1, e6, f3, g4.

4 Le Rhône, la Loire, la Garonne. **b.** l'Allemagne. **c.** La Méditerranée. **d.** 22.

5 a. Oui, parce que cela fait partie de la connaissance du pays et de la manière de vivre. Quand je suis allée au Pérou j'ai mangé une céréale des Andes : le quinoa. **b.** Chez moi en Argentine on mange beaucoup de viande de bœuf grillée et délicieuse.

Leçon 6

a. Catherine et Célia.
b. Elle a gagné un voyage pour deux personnes aux Antilles.
c. Elle pense que ce n'est pas vrai.
d. La Guadeloupe.
e. Dans la mer des Antilles au nord du Vénézuela.
f. Non.
g. Célia l'invite à partir avec elle.

1 a. A2,3 – B4 – C5 – D7 – E9 – Fa8 – Fb10 – Fc6 – Fd1.
b. Il y a un grand mélange d'ethnies.

2 a. pas la Nouvelle-Calédonie. **b.** pas la Martinique. **c.** pas le moins peuplé. **d.** pas de touristes.

3 a. le français et différentes langues créoles. **b.** tropical. **c.** La France. **d.** La Polynésie française. **e.** parce qu'on y déportait des prisonniers. **f.** La Nouvelle-Calédonie. **g.** parce qu'il y a le Centre spatial de Kourou. **h.** le nickel. **i.** Des habitants de la Nouvelle-Calédonie d'origine mélanésienne.

4 a. Mon pays , le Portugal, a colonisé le Brésil, l'Angola, la Guinée Bissau, le Mozambique, les îles du Cap-Vert, Goa, Timor. Ces pays sont indépendants maintenant. **b.** La Réunion parce que j'ai vu de belles photos et que je connais quelqu'un qui vient de la Réunion.

Leçon 7

a. Un couple marié et un agent de voyage.
b. d'un voyage à Paris.
c. La Seine, un bateau Mouche, la Tour Eiffel, le Louvre, l'Arc de Triomphe, les Champs-Élysées, le Moulin Rouge, Belleville, Notre-Dame de Paris, l'île St-Louis. Un ami m'a envoyé une carte postale de Paris où on voyait la tour Eiffel. Dans le film *Moulin Rouge*, j'ai vu le Moulin Rouge.
d. Non, parce que c'est trop touristique. Ils veulent simplement se promener, observer, prendre leur temps.

1 a. a11, b6, c2, d1, e4, f10, g8, h9, i12, j5, k3, l7. **b.** la Seine. **c.** Le 1er arrondissement est au centre et les autres tournent autour de gauche à droite comme la coquille d'un escargot. **e.** la Sorbonne est dans le quartier latin, le Sacré-Cœur est à Montmartre, le Louvre est dans le centre historique.

2 a. moins grand. **b.** Londres. **c.** à l'ouest. **d.** le Quartier latin. **e.** à l'est et à l'ouest.

3 a. Notre-Dame et le Sacré-Cœur, le Louvre, le Centre Pompidou, le musée d'Orsay, la place de la Concorde, la place de la Bastille. **b.** le périphérique. **c.** le baron Haussmann. **e.** le RER.

4 a. La tour Eiffel, la mode, l'amour. **b.** le Louvre, le musée d'Orsay et le musée Pompidou. Parce que j'adore l'art, et particulièrement la peinture, de toutes les époques. **c.** Lisbonne, la capitale du Portugal, est plus petite que Paris. Comme Paris c'est une belle ville traversée par un fleuve où il fait bon se promener. Il y a moins de monuments et moins de musées qu'à Paris.

Leçon 8

a. Il vient du travail.
b. Il a eu une journée horrible.
c. Il a déjeuné au restaurant avec un client du Texas.
d. Pendant le repas, le client téléphonait sur son portable et il buvait beaucoup. À la fin du repas il s'est senti mal et il a dû rentrer en taxi.
e. Il veut prendre un bain et aller se coucher.
f. Sa femme lui annonce qu'ils sont invités chez leurs amis.
g. Ils vont aller dîner chez ses amis.

1 a. Les Français consomment de moins en moins de pain. **b.** Non, c'est à peu près la même chose mais dans mon pays on ne boit pas d'alcool. **c.** Elle veut dire : « Il ne fallait pas me faire un cadeau, ce n'était pas nécessaire».

2 a. En France : 3 repas par jour. Au petit déjeuner : une boisson chaude, des tartines ou des croissants. Déjeuner: entrée, plat principal, dessert ou restauration rapide ou sandwich. Dîner: entrée, plat principal, dessert. Heures : petit déjeuner: le matin, déjeuner : entre 12 h et 14 h, dîner vers 20 heures. Le repas le plus important est le dîner. Oui, on mange du pain à chaque repas. On ne boit jamais de vin au petit déjeuner, on en boit aux autres repas mais pas toujours. Cela dépend des personnes et des circonstances. Dans mon pays on ne prend pas de tartines ni de croissants. Pour le déjeuner et le dîner les plats (entrées ou plat principal) sont servis en même temps. On ne boit pas d'alcool.

3 a. la cantine. **b.** goûter. **c.** apéritif. **d.** un digestif, un café, une infusion. **e.** tapage. **f.** repas d'affaires.

4 a. des fleurs, des chocolats, une bonne bouteille de vin ou un autre petit cadeau. **b.** Oui, pour montrer qu'elle s'intéresse à ce cadeau. **c.** On alterne une femme et un homme. **d.** On doit prévenir les voisins.

5 a. Oui, parce que je suis gourmande et que j'aime bien manger, mais aussi parce que les repas en famille ou avec des amis sont des occasions de parler. **b.** la conversation !

Leçon 9

a. Non, elles ne se connaissent pas.
b. Elles sont dans l'escalier d'un immeuble.
c. parce qu'elles vont visiter un appartement.
d. Non, elle est divorcée et elle a un enfant.
e. Son propriétaire va vendre l'appartement qu'elle occupe et elle doit partir. Elle a fait une demande d'HLM mais elle n'a pas encore de réponse.
f. Il lui dit qu'il faut avoir un dossier, qu'il faut quelquefois avoir la caution d'une autre personne, mais à la fin il lui dit aussi qu'elle ne doit pas s'inquiéter, qu'elle ne peut pas être expulsée en hiver, et qu'elle va trouver.
g. C'est payer pour une autre personne qui ne peut pas payer.

1 a. Constance et Christophe cherchent deux colocataires non fumeurs pour partager un appartement à la Bastille, meublé, balcon, Internet, de septembre à juin. 400 euros charges comprises. À louer: un studio vide avec une cuisine équipée au 6e étage sans ascenseur, libre le 1er septembre. 300 euros + 50 euros de charges. **b.** À l'annonce pour la colocation parce que c'est plus sympathique de vivre à plusieurs dans un grand appartement et parce que c'est meublé. **c.** Les Français ont beaucoup plus de maisons individuelles que les Espagnols, mais beaucoup moins que les Irlandais. **d.** l'Espagne, l'Irlande.

2 a. pas dans le Sud. **b.** pas 3 mais 4 (ou un Français sur 2). **c.** pas seuls. **d.** pas en hiver. **e.** pas de « pas ».

3 a. une habitation à loyer modéré. **b.** un sans domicile fixe. **c.** une somme d'argent que le gouvernement donne aux personnes pour les aider à payer leur loyer. **d.** payer moins cher, avoir plus d'espace, ne pas être seul(e). Connaître les goûts et les habitudes de son colocataire, s'assurer qu'il peut payer. **f.** 62%.

4 **a.** Partager une salle de bains. Etre avec les autres quand on a envie d'être seul(e). **b.** Je préfère habiter dans une maison pour avoir un jardin et pouvoir faire tout le bruit que je veux. **c.** Oui, parce que les loyers ont trop augmenté et se loger est devenu un grave problème pour une grande partie de la population. **d.** Oui, je ne pensais pas que se loger était aussi difficile en France. **e.** Dans mon pays aussi les logements sont très chers. C'est plus facile de se loger à la campagne qu'à la ville.

Leçon 10

a. C'est une mère et sa fille.
b. Le jour de la rentrée des classes, en septembre.
c. un cours d'éducation civique.
d. de la laïcité et des signes visibles religieux.
e. Elle a 16 ou 17 ans.
f. le bac de français.
g. parce que sa fille n'est peut-être pas très bonne en maths.
h. Elle est contente parce qu'elle a retrouvé une copine de l'école primaire. Elle n'est pas contente parce que sa mère s'inquiète et lui pose trop de questions.

1 **a.** 7 ans. **b.** On peut arrêter ses études à 15 ou 16 ans.

2 **a.** faux. **b.** vrai. **c.** faux. **d.** vrai. **e.** faux. **f.** faux.

3 **a.** 6 ou 7 ans. **b.** oui, deux mois. **c.** parce qu'on ne prend pas en compte le travail de toute l'année. **d.** parce que l'Église est complètement séparée de l'État : elle n'intervient donc pas dans les affaires politiques ou administratives et il n'y a pas de cours de religion à l'école publique. **e.** Il n'existe pas d'école maternelle comme en France dans mon pays. On peut mettre les enfants au « jardin d'enfant » mais c'est payant et ce n'est pas une vraie école. Ce que vous appelez « lycée » pour nous est « collège ». On a un diplôme avant d'entrer à l'université mais ce n'est pas exactement comme le bac. Les similitudes : on apprend à lire vers 6 ou 7 ans. On fait autant d'années d'études qu'en France.

4 **a.** Oui, parce qu'on peut avoir bien travaillé toute l'année et rater l'examen pour différentes raisons (santé, émotion, mémoire…). **b.** Oui, c'est normal parce que dans un État laïc on ne doit pas voir la différence entre les étudiants qui ont une religion et les étudiants qui n'ont pas de religion. Tout le monde est à égalité. **c.** moins d'heures de cours.

Leçon 11

1er dialogue
a. Sciences-Po(litiques).
b. Polytechnique.
c. À Madrid.
d. Elle va essayer de passer son mastère.

2e dialogue
a. Il ne va pas avoir de bourse cette année.
b. Les revenus de ses parents sont trop élevés.
c. Oui, il va travailler dans un restaurant.
d. Non, il a un petit loyer et l'allocation logement.
e. En France il existe le système des grandes écoles comme Sciences-Po ou Polytechnique avec des concours d'entrée. Les étudiants ont quelquefois une bourse si leurs parents n'ont pas de revenus trop élevés, sinon ils doivent financer leurs études eux-mêmes.

1 **a.** Dans mon pays, les États-Unis, on a aussi des « crédits ». On peut s'inscrire à des cours pour un semestre seulement. On a des matières principales (« major ») et des matières secondaires (« minor »). **b.**

2 **a.** faux. **b.** faux. **c.** vrai. **d.** vrai. **e.** faux.

3 **a.** pour faciliter la mobilité des étudiants à l'intérieur de l'Europe. **b.** On peut commencer des études dans un pays d'Europe et les continuer dans un autre pays. **c.** 5 années après le bac. **d.** C'est être aidé individuellement par un professeur ou un étudiant plus avancé. **e.** Une classe préparatoire qui vous « prépare » au concours d'entrée des grandes écoles. **f.** Pour un examen il suffit d'avoir un certain nombre de points pour réussir. Dans un concours il y a un nombre limité de candidats. Par exemple on prend les

80 premiers. **g.** Une aide de l'État pour financer les études. **h.** En principe oui, mais les élèves brillants de certains lycées de zones défavorisées peuvent intégrer Sciences-Po. **i.** Ce sont souvent leurs parents qui paient leurs études.

4 **a.** J'aime le fait que tout le monde a la possibilité de se présenter au concours. Je n'aime pas le fait que les Grandes Écoles ont plus de prestige que l'Université. Je pense que c'est la famille ou l'étudiant qui doivent financer les études mais que l'État doit les aider s'ils ont des difficultés. **c.** Parler une autre langue, connaître une autre culture. **d.** En Italie parce que j'adore les Italiens, leur joie de vivre, la beauté de leur architecture et leur cuisine !

Leçon 12

a. Dans un restaurant chinois, à l'heure du déjeuner.
b. Ce sont deux amies.
c. parce que l'une des deux a trouvé un travail qui lui plaît.
d. L'une travaille dans une entreprise où l'ambiance est sympathique et l'autre a le projet d'ouvrir une boutique dans un mois.
e. Elles paient avec des chèques-restaurants.

1 **a.** Le secteur de l'agriculture a énormément diminué : il est 10 fois moins important. Le secteur des services a presque triplé. **b.** Il est à peu près le même, très légèrement inférieur. **c.** Le secteur le plus important est le secteur des services et le moins important le secteur de l'agriculture. **d.** Les employés des entreprises qui n'ont pas de cantine.

2 **a.** Petite ou Moyenne Entreprise. **b.** Salaire Minimum Interprofessionnel de Croissance. **c.** Récupération du temps travaillé. **d.** Contrat à Durée Indéterminée. **e.** Contrat à Durée Déterminée.

3 **a.** Un fonctionnaire. **b.** Des vacances qui sont payées par l'employeur. **c.** plus de 250 salariés. **d.** Ils n'ont pas une très bonne opinion parce qu'ils pensent qu'elles défendent plus les intérêts de leurs actionnaires que de leurs salariés. **e.** S'il a travaillé plus de 35 heures, un salarié a un crédit de jours de congé qu'il peut prendre quand il le veut, avec l'accord de son employeur.

4 **a.** Oui, les salariés de mon pays travaillent beaucoup plus que les Français. **b.** Oui, je crois que c'est bien de fixer un salaire minimum. **c.** Il n'existe pas de SMIC dans mon pays.

Leçon 13

a. Il est marié et il a un enfant.
b. Il a perdu son emploi.
c. Pour avoir les indemnités de chômage.
d. Elle regarde si son dossier est complet.
e. Oui, parce que le demandeur d'emploi apprend qu'il va bientôt recevoir ses indemnités.
f. parce qu'il doit attendre 5 jours.

1 **a.** Oui, dans mon pays, l'Italie, il y a toujours beaucoup de manifestations pour des raisons économiques (chômage) ou politiques. **b.** Le taux de syndicalisation en France est le plus faible de tous les pays européens.

2 **a.** vrai. **b.** vrai. **c.** faux. **d.** vrai. **e.** vrai.

3 **a.** Agence Nationale pour l'Emploi. À aider les chômeurs pour leur recherche d'emploi. **b.** Elles gagnent moins que les hommes et à la maison le partage des tâches ménagères n'est pas toujours une réalité. **c.** parce qu'on note dans les situations d'embauche une certaine discrimination selon l'âge ou l'origine ethnique du demandeur d'emploi. **d.** Il n'est pas normal de cacher son identité surtout dans le pays de l'égalité et des droits de l'Homme. **e.** environ 10%. **f.** un accord entre la direction et les salariés sur les conditions de travail. **g.** Le revenu minimum d'insertion, une somme que touche un chômeur quand il n'a plus d'indemnités.

4 **a.** Oui, parce qu'il ne me permet pas seulement de gagner de l'argent, mais d'apprendre, de créer et aussi d'avoir des contacts intéressants avec les autres. **b.** Le même pourcentage qu'en France, je crois. **c.** Oui, même encore plus parce que c'est très difficile de faire garder ses enfants quand ils sont petits. Ça coûte très cher. **d.** Je suis contre les quotas, excepté pour les handicapés. **e.** Oui, elles existent mais elles ne sont pas élevées. **f.** Oui, je pense qu'il est très important. **g.** Les syndicats ont leur rôle à jouer mais les travailleurs ont le droit de ne pas se syndicaliser.

Leçon 14

a. Non.

b. L'homme va à Lyon, la femme va à Marseille pour prendre le bateau pour la Corse.

c. Elle veut savoir si le train s'arrête entre Lyon et Marseille.

d. Parce qu'elle veut aller voir une amie à Nîmes.

e. Il va voir des clients à Lyon.

f. Il pense que c'est rapide et pratique : il peut faire l'aller retour Paris-Lyon dans la journée et il peut travailler dans le train.

1 a. Au nord-ouest de Marseille. Au sud de Marseille, en Méditerranée. b. les deux derniers chiffres donnent le numéro du département où la voiture a été immatriculée. c. Toutes les lignes partent de Paris. Il manque des lignes dans le centre de la France et dans le Sud-Ouest. d. Tout semble converger vers Paris, lignes de train et d'autoroutes.

2 a. Grâce au tunnel sous la Manche. b. la voiture. c. voies ferrées à grande vitesse. d. amnistie.

3 a. Aéroport Charles de Gaulle. b. Train à Grande Vitesse. c. Ils l'apprécient pour sa beauté, son confort et sa rapidité. d. leurs pieds. e. 18 ans. f. 130 km à l'heure.

4 a. Je trouve cela incroyable. Non, il n'existe rien de comparable dans mon pays. b. Ils ont raison : il faut limiter les lignes à grande vitesse pour ne pas détruire la beauté des paysages. c. Le métro parce que c'est rapide. d. La bicyclette parce qu'on est à l'air libre et que cela ne pollue pas. e. Je trouve cela très bien. Oui, c'est la même chose dans mon pays. f. 130 km, ça me semble raisonnable.

Leçon 15

a. Pour découper quelque chose dans le « Elle ».

b. Ariane.

c. *Métro* est un journal gratuit.

d. parce qu'elle voudrait lire son magazine avant que sa sœur le découpe.

e. L'horoscope de *Elle* est plus pessimiste que l'horoscope de *Métro*.

1 a. 1. la radio 1, la presse écrite 2, la télévision 3, Internet 4. b. *L'Express*, c'est peut être comme *Time magazine* dans mon pays ? c. Les Français pensent que ces journaux permettent à beaucoup de personnes de lire des quotidiens et d'obtenir des informations simples, et rapides, mais pas aussi fiables que les « vrais » journaux.

2 a. Les Français lisent plus de magazines. b. Ils achètent leurs journaux dans les kiosques ou chez les marchands de journaux. c. Le magazine d'actualité le plus lu est *Paris Match*. d. Le quotidien national le plus lu est *L'Équipe*.

3 a. Le nombre de lecteurs a diminué. b. Par la concurrence de la télévision, d'Internet et des magazines. c. Oui, parce qu'elle est très proche des préoccupations des gens.

4 a. Je ne sais pas parce qu'il n'y en a pas dans mon pays. b. Je préfère les magazines parce que dans la semaine je n'ai pas le temps de lire les journaux. c. Je préfère acheter les journaux dans un kiosque, parce que je peux changer de magazine certaines semaines. d. J'ai la même confiance si c'est une chaîne de télévision sérieuse. Parce que cela dépend de la qualité des journalistes dans les deux cas. e. Il y a toujours trop de publicités partout.

Leçon 16

a. Ils sont frère et sœur.

b. Ils parlent du programme de la soirée à la télévision.

c. Elle va passer la soirée chez une amie.

d. Parce qu'il ne trouve pas une émission qui l'intéresse.

e. 1re chaîne : Un match de foot, Canal+ : un film, *La Marche de l'empereur*, France 2 : un débat politique, Arte : Opéra.

1 b. Les philosophes D, les comblés C, les frustrés B, les jamais contents A. c. Ils sont plus insatisfaits.

2 a. faux. b. vrai. c. faux. d. vrai . e. vrai.

3 a. NRJ, Skyrock, M6 (1), Radio Nostalgie (2), France 2 (3), France 5 et Arte (4), TV5 et France 24 (5), France 3 (6), TF1 (7). b. Une taxe qu'on doit payer quand on a un téléviseur.

4 a. Oui, parce qu'il y a trop de publicités à la télévision. b. Oui cela me semble excessif. Je passe beaucoup moins de temps. J'aime les débats, les films et les documentaires. Les jeux ne m'intéressent pas. c. Plus de films et de documentaires. d. pas beaucoup. Le matin pour les infos et le soir pour la musique. e. France Inter.

e. Non, pas plus, ça dépend des journalistes, de la chaîne ou de la station.

Leçon 17

a. Parce qu'elle a trouvé l'appartement qu'elle voulait.

b. Non, elle vit avec une autre personne.

c. Il y a une épicerie en bas de chez elle ouverte jusqu'à minuit, un supermarché pas loin, et un marché.

d. Non. Elle a habité à Nice.

e. Parce qu'elle pense que les fruits et les légumes sont plus frais et les marchés lui rappellent le Sud.

1 a. Je ne suis pas surprise, je pense que le logement coûte très cher maintenant. b. Oui. c. 1. l'alimentation, 2 les vêtements, 3 le logement, 4 les loisirs, 5 les transports, 6 la santé.

2 a2, a3, a4, b1, c1, c2, c3, d1, d2, d3.

3 a. Non. b. Une grande surface est un supermarché ou un hypermarché. Un commerce de proximité est la boutique ou le magasin d'un petit commerçant. c. Le dimanche est un jour de repos obligatoire. Il est interdit aux magasins d'ouvrir plus de 5 dimanches par an, sauf s'ils sont situés dans une zone touristique et qu'ils vendent des « produits de loisirs ». d. Non, par exemple les hypermarchés de meubles et de bricolage. e. contre. f. Pour : Il faut respecter la liberté des commerçants et des consommateurs. Cela peut favoriser l'activité économique et créer des emplois. Les gens peuvent avoir tout le week-end pour faire des courses. Contre : la concurrence des grandes surfaces va être trop forte pour les petits commerçants. On ne va plus passer du temps avec sa famille à faire autre chose que « consommer ». g. Non, parce que les producteurs sont mieux payés.

4 a. Non, pas beaucoup. Je préfère les petits magasins aux grandes surfaces. b. Je préfère les commerces de proximité et les marchés parce qu'il y a un contact humain. c. Oui, parce que c'est un moment où l'on s'offre des petits plaisirs à petits prix. d. Aux États-Unis beaucoup de magasins sont ouverts le dimanche. e. Non, j'aime bien cette idée de faire autre chose que « consommer ». f. Oui, j'ai acheté du café et du chocolat. Je trouve ça très bien. C'est un système plus juste et je suis sûre que ça va se développer parce que petit à petit ces produits sont distribués dans les grandes surfaces.

Leçon 18

a. Chercher un carnet de chèques, prendre rendez-vous avec M. Lesage, demander un RIB et demander le solde de son compte.

b. Oui, il lui donne le carnet de chèque, va immédiatement se renseigner pour le rendez-vous, lui montre où trouver un RIB et lui donne le solde de son compte.

c. Le directeur de la banque.

d. Pour faire une demande de prêt.

e. le jeudi à 10 heures.

f. parce qu'elle est à découvert.

1 a. Non, parce que l'argent est un symbole de réussite sociale seulement pour 9% de la population. Ils sont économes. Oui, ils pensent beaucoup à l'avenir (épargner ou placer = 58%). b. L'écureuil parce qu'il garde des noisettes en réserve (il était déjà sur le blason du ministre des Finances de Louis XIV) et la fourmi le symbole de la prévoyance dans une fable de la Fontaine. Oui, mais il y a aussi le cochon parce que les tirelires sont souvent des petits cochons roses. c. Non, seulement pour 13 pays de l'Union européenne. d. Il donne les références bancaires (numéro de la banque, nom et adresse de la banque, etc.).

2 a. faux. b. faux. c. vrai. d. vrai. e. vrai.

3 a. La BNP et le Crédit Agricole. b. Non, parce qu'ils trouvent ces banques trop impersonnelles et qu'ils préfèrent le contact direct avec leur banquier. c. Ils sont révoltés par les grandes différences de salaires. d. la carte de crédit et le carnet de chèques.

4 a. Cela me semble un peu ridicule car l'argent ne doit pas être un sujet tabou. C'est une réalité. Dans mon pays l'argent est tabou comme en France. Moi, je suis discrète concernant les questions d'argent mais je peux dire combien je gagne si on me le demande. **b.** Pour moi l'argent c'est la sécurité. **c.** Je vais l'épargner pour quand j'en aurai besoin. **d.** Oui, c'est important. À partir de 10 ans jusqu'à 18 ans. Parce qu'il est important d'apprendre à gérer son argent et d'apprendre à un enfant les limites. Non, je n'aime pas l'idée de payer à un enfant un service rendu (sauf si c'est un travail difficile). Je ne donnerai jamais de l'argent pour un résultat scolaire. Sans raison peut être une fois de temps en temps, comme un cadeau.

Leçon 19

a. Oui.
b. Il a décidé d'arrêter de fumer.
c. Non.
d. Quelque chose qu'on se colle sur le bras et qui vous aide à arrêter de fumer.
e. Il a eu des séances d'acupuncture.
f. Avoir la volonté de s'arrêter seul.

1 a. Il plante des aiguilles dans la peau à des points précis. **b.** Oui, je connais un petit peu ces médecines. Acupuncture : thérapeutique consistant dans l'introduction d'aiguilles très fines en des points précis des tissus ou des organes. Homéopathie : méthode thérapeutique qui consiste à soigner les malades au moyen de remèdes à doses infinitésimales. Ces remèdes à doses plus élevées produisent des symptômes semblables aux symptômes de la maladie. Ostéopathie : méthode thérapeutique qui accorde une place importante aux manipulations vertébrales et articulaires. Phytothérapie : traitement de certaines affections par les plantes. **c.** La consommation d'alcool est moins importante. Les Suédois consomment deux fois moins d'alcool que les Français. Oui, le Luxembourg. **d.** La 13e place. **e.** Les Français pensent que les médecins et le gouvernement doivent jouer un grand rôle dans la prévention en matière de santé. Seulement 4 % pensent que les pharmaciens ont un rôle important à jouer.

2 a. de moins en moins. **b.** un remboursement. **c.** les premiers. **d.** ne dépend pas. **e.** par boîtes.

3 a. Oui. **b.** Oui. **c.** Ce sont des médecines alternatives différentes de la médecine officielle. Oui de plus en plus.

4 a. Le gouvernement (par l'intermédiaire de l'enseignement) et les médias doivent jouer un rôle très important dans la prévention parce qu'ils peuvent informer toute la population, avant les médecins et les pharmaciens qui sont eux aussi importants. **b.** Je crois que dans mon pays, l'Italie, le système médical est aussi bien que le système médical français. Quand on va chez le médecin on paie seulement la partie qui n'est pas remboursée par la Sécurité sociale.

Leçon 20

a. Ils sont mariés ou ils vivent ensemble.
b. Ils vont repeindre une pièce de leur appartement.
c. Non, il n'aime pas bricoler et il n'aime pas l'odeur de la peinture.
d. Oui, parce qu'elle imagine la pièce repeinte et qu'elle veut tout changer.
e. en peinture.
f. la disposition des meubles.
g. Ils vont peindre mais il va abandonner avant elle.

1 a. Ils ont doublé le temps qu'ils passent à faire du sport. Ils passent onze fois plus de temps devant la télévision. Je trouve qu'ils passent trop de temps devant la télévision. Ils passent plus de temps à bricoler qu'à aller voir leurs amis. **b.** Hommes et femmes sont à égalité en ce qui concerne le cinéma. Les femmes écoutent un peu plus de disques et vont un peu plus au concert, au théâtre ou au musée que les hommes. Mais les hommes écoutent un peu plus la radio. Les femmes lisent beaucoup plus de livres que les hommes, et ceux-ci assistent vraiment plus aux manifestations sportives que les femmes.

2 a3, b4, c5, d1, e2.

3 a. parce que la durée du temps de travail a été réduite et la durée de la vie est plus longue. **b.** Faire du bricolage. **c.** Non. **d.** parce qu'ils ont la satisfaction de personnaliser leur intérieur comme ils le désirent et que cela coûte moins cher de le faire soi-même. **e.** Oui, plus de la moitié des clients des grandes surfaces de bricolage sont des femmes. **f.** Ils aiment jouer au loto, au tiercé, au casino, à tous les jeux d'argent. **g.** Une sorte de brocante où les gens vendent les objets qu'ils ne veulent plus garder. **h.** Un jardin public est entretenu par les services de la ville. Dans un jardin partagé ce sont les membres de l'association eux-mêmes qui s'occupent du jardin.

4 a. Lire un magazine ou un journal d'informations générales, lire un livre, aller au cinéma. **b.** Je ressemble à la femme que j'aime le bricolage et les changements. **c.** J'adore jardiner parce que j'aime être dehors et parce qu'un jardin, ça change continuellement. **d.** Non, je n'aime pas les jeux d'argent. **e.** Oui, il y a quelques brocantes. Bien sûr j'ai acheté beaucoup d'objet dans des brocantes. Par exemple des verres, des fauteuils, des livres. Parce que j'aime les objets anciens.

Leçon 21

a. Ils sont dans un magasin au rayon musique.
b. Un CD.
c. Parce que c'est pour un homme et une femme qui n'ont pas les mêmes goûts.
d. Bénabar, Jacques Brel, Barbara, Léo Ferré, Brassens. Je connais Jacques Brel.
e. Dans un petit théâtre.
f. Peut-être pas parce qu'ils n'ont pas l'adresse du théâtre.

1 a. Pour les jeunes. **b.** Les jeunes aiment beaucoup plus écouter des CD ou des cassettes et aller au cinéma que les personnes plus âgées. Les personnes plus âgées vont plus visiter des musées, des expositions ou un monument historique que les jeunes. Mais tous aiment regarder la télévision.

2 a. Serge Gainsbourg. **b.** les frères Lumière. **c.** La Comédie-Française. **d.** Bouglione.

3 a. Un café théâtre est une scène installée dans un café. **b.** Parce qu'il y a beaucoup de salles de cinéma et qu'on peut voir beaucoup de tournages de films. **c.** Parce qu'on a créé une des écoles de cirque et que le cirque maintenant présente des spectacles plus variés qu'avant.

4 a. plus de 100 théâtres. **b.** La culture est un produit différent des autres produits. **c.** Oblige à diffuser 40 % de chansons françaises. **d.** le 7e art.

5 a. C'est un plaisir parmi d'autres. La musique classique. **b.** Le plus souvent : aller au cinéma. Le plus rarement : aller au théâtre ou au concert.

Leçon 22

a. du Tour de France.
b. Non. L'un pense que le Tour de France est une course extraordinaire, l'autre pense qu'il y a eu trop d'histoires de dopage.
c. Je connais Lance Armstrong et Laurent Fignon, c'est tout.
d. Des jeux olympiques et des 24 heures du Mans.
e. Il fait du roller.
f. De venir avec lui faire la balade du vendredi soir.

1 a. Un continent. **b.** La plus grande motivation est la santé : hygiène de vie, la forme, anti-stress. C'est aussi une distraction : un divertissement, une évasion du quotidien.

2 a. le rugby. **b.** Le Tour de France. **c.** le tennis. **d.** Le football. **e.** La randonnée. **f.** La course automobile.

3 a. Les sports individuels qu'on peut pratiquer en groupe. **b.** Le football. **c.** L'Équipe. **d.** Sur les Champs-Élysées à Paris. **e.** Le maillot jaune. **f.** La balade à rollers. **g.** Pierre de Coubertin.

4 a. Pour moi le sport est un effort qu'on fait pour se sentir mieux dans son corps. **b.** J'aimerais voir un match à Roland-Garros. Parce que j'aime le tennis. **c.** C'est vraiment fou de voir que les sportifs sont prêts à mettre leur santé, et même leur vie, en danger pour gagner. **d.** Non, le sport n'a pas une place assez importante dans l'éducation. Non, je n'ai pas eu beaucoup d'activités sportives ni à l'école ni au lycée et encore moins à l'université. À l'extérieur, un peu : je fais de la natation.

Leçon 23

a. Un chômeur et peut-être un SDF.
b. Il veut de l'argent ou un ticket-restaurant ou un ticket de métro.
c. Elles lui donnent une pièce.
d. Elles parlent des associations qui aident les personnes.
e. Oui, dans mon pays aussi, c'est exactement la même chose dans la rue mais pas dans le métro.

❶ **a. SOS Racisme :** Une main dressée qui dit « stop, arrêtez » et sur lequel il est écrit « Touche pas à mon pote » (mon « copain » en langage jeune). – **Médecins du Monde :** un cercle qui représente la Terre, le monde et au milieu une croix blanche qui rappelle la Croix Rouge, les soins à ceux qui souffrent et une colombe de la paix. – **Médecins sans frontières :** un personnage qui traverse les barrières. – **Les Restaurants du cœur :** un couvert dressé où l'assiette est en forme de cœur.
b. SOS Racisme : Une manifestation où tout le mode dit « assez », en accord avec le sens du logo qui signifie « je suis solidaire, je le défends ». – **Médecins du Monde :** un avion a déposé des sacs de nourriture dans un pays lointain, c'est à dire que le but de cette association est bien d'aider les pauvres partout dans le monde. – **Médecins sans frontières :** un médecin blanc soigne une femme noire et son bébé, objectif qui correspond bien au personnage du logo qui traverse les frontières pour soigner. – **Les Restaurants du cœur :** une queue de personnes pauvres qui viennent chercher un repas qu'on leur offre sous une tente, avec beaucoup de cœur, de gentillesse.

❷ **a.** Les compagnons d'Emmaüs. **b.** Médecins du Monde ou Médecins sans frontières. **c.** Les compagnons d'Emmaüs. **d.** SOS Racisme. **e.** Les compagnons d'Emmaüs. **f.** 60 millions de consommateurs ou Que choisir ? **g.** Médecins sans frontières ou Médecins du Monde.

❸ **a.** Dans l'humanitaire, la culture, le sport, les loisirs, la consommation. **b.** Quelqu'un qui travaille volontairement sans être payé. **c.** 45%. **d.** Ils pensent qu'elles sont indispensables, qu'elles sont dynamiques, compétentes, dévouées, efficaces, proches des gens. **e.** Les compagnons d'Emmaüs, Médecins sans frontières, Médecins du Monde. **f.** Une personnalité très populaire, le fondateur des compagnons d'Emmaüs. **g.** toutes sortes d'objets et des vêtements. **h.** Que choisir ?

❹ **a.** Le chômage, l'aide aux plus pauvres, la prévention de la drogue et de la délinquance, la défense des droits de l'homme, le racisme, la santé, la protection des personnes âgées, la défense des consommateurs. **b.** L'écologie et la protection des animaux.

Leçon 24

a. Elles sont de la même famille.
b. Elles déjeunent ou elles dînent.
c. Il lui demande d'aller sous la table.
d. Non, parce qu'il trouve ça ridicule à son âge.
e. Nicolas a la fève. Il fait croire qu'il l'a avalée.

❶ **a.** L'Épiphanie, la Chandeleur, le carnaval, St-Valentin, le 1er avril, Pâques, le 8 Mai, la Fête de la musique, le 14 Juillet, la Technoparade, le 11 Novembre, Noël.
b. Fêtes religieuses : l'Epiphanie, la Chandeleur, Pâques, Noël. Fêtes civiles : le 1er avril, le 11 Novembre, le 8 Mai, les carnavals. Fêtes modernes : la St-Valentin, la Fête de la musique, la Technoparade.

❷ **a.** sapin. **b.** chars, . **c.** œufs. **d.** la fève. **e.** des grosses têtes. **f.** nationale. **g.** crêpes.

❸ **a.** Le Père Noël. **b.** Tout le monde, professionnels, amateurs ou spectateurs. **c.** En mémoire du soldat inconnu. **d.** La prise de la Bastille. **e.** Parce qu'on associait la musique techno à la violence, l'alcool et la drogue. **f.** le 11 Novembre, la fin de la Première Guerre mondiale et le 8 Mai la fin de la Seconde Guerre mondiale. **g.** Non, c'est une fête anglo-saxonne.

❹ **a.** Au Canada on fête Pâques et Noël et aussi la St-Valentin. Notre fête nationale est le 1er juillet et nous fêtons aussi Halloween. **b.** Noël parce que c'est une fête familiale.

Leçon 25

a. Ils partent en vacances.
b. Ils parlent de la Corse, des vacances, de la circulation routière, de la famille.
c. Ils vont chez la mère de l'homme.
d. Elle voudrait aller en Corse et avoir de « vraies vacances » pour se reposer vraiment. Dans un club de vacances par exemple.
e. Au début non, mais après il est d'accord.
f. Ils décident qu'ils iront en Corse les prochaines vacances.

❶ **a.** En Méditerranée, dans le sud de la France. Au sud-ouest de la France. **b.** La mer du Nord, la Manche, l'océan Atlantique, la Méditerranée. Dans le Massif central, dans les Vosges, dans le Jura, dans les Alpes, dans les Pyrénées.

❷ **a.** faux. **b.** faux. **c.** faux. **d.** vrai. **e.** faux. **f.** faux. **g.** vrai.

❸ **a.** La mer. **b.** pour les Parisiens qui ne partent pas en vacances… et pour les touristes. **c.** C'est un club de vacances. Il existe depuis 1950. **d.** une chambre chez l'habitant. **e.** Un logement indépendant situé à la campagne.

❺ **a.** À l'étranger, au bord de la mer. 1. la mer, 2. la montagne, 3. la campagne, 4. la ville. **b.** parce qu'ils aiment bien voir leurs amis et leur famille et parce que c'est moins cher. **c.** 1. chez des amis ou dans la famille, 2. dans un gîte, 3. dans une location, 4. dans une résidence secondaire, 5. dans un hôtel, 6. dans un camping. **d.** Amusante. Oui, on peut adapter cette idée à Londres, au bord de la Tamise. **e.** Je préfère improviser à la dernière minute. **f.** Je lis des livres ou des articles sur une région ou un pays et ça me donne envie d'aller voir sur place. Ou des amis me parlent d'un endroit intéressant et j'ai envie d'aller là-bas.

Leçon 26

a. Emeline est une amie de ce couple.
b. Elle va aller au Japon.
c. Parce qu'Emeline a acheté son billet sur Internet.
d. Parce qu'elle fait beaucoup de choses sur Internet, même ses courses.
e. Elle s'intéresse aux voyages.
f. Ils lui souhaitent de trouver l'homme de sa vie par Internet.

❶ **a.** Surfer, scanner des photos, télécharger de la musique, faire des montages vidéo, jouer à des jeux vidéo : 101 points. Les gens passent beaucoup de temps sur Internet. **b.** Je ne suis pas surprise pour le téléphone portable, mais je pensais que la télévision était en 2e position. Je choisis Internet. **c.** Les habitants du sud de l'Europe sont moins nombreux à être connectés à Internet que les habitants du nord de l'Europe.

❷ Cocher **a. d. e. f.**

❸ **a.** Parce qu'ils pensent que les enfants risquent de devenir dépendants de ces jeux, parfois violents, et de ne plus faire la différence entre le monde virtuel et la réalité. **b.** un café où on peut se connecter à Internet. **c.** parce qu'ils pensent que les sites ne sont pas sécurisés. **d.** C'est un lieu d'échange sur Internet. **e.** les blogs personnels (journaux intimes), thématiques (cuisine, voyages…), les audioblogs (pour la musique), les blogs d'artistes.

❹ **a.** Plus qu'en France, je crois. **b.** Pour envoyer des courriels, pour faire des recherches sur des sujets qui m'intéressent et pour m'informer sur l'actualité. **c.** Téléphoner, surfer sur Internet, écouter de la musique, aller au cinéma, regarder un film à la télévision, sur DVD. Je ne fais pas les autres activités. **d.** Non, je ne les connais pas bien mais je pense qu'il y a beaucoup de jeux de violence. Je crois que je ne suis pas joueuse. **e.** Non, c'est essentiel pour mon travail et aussi pour garder le contact avec ma famille et mes amis. **f.** Je trouve que c'est agréable de travailler chez soi : l'avantage c'est d'organiser son travail comme on veut et ne pas perdre de temps dans les transports. Mais l'inconvénient c'est être seul, ne pas avoir un contact direct avec les autres. **g.** Non. Pas vraiment parce que je ne veux pas passer trop de temps sur Internet.

Bilan 1

❶ Généalogie.

❷ **Horizontal : 1.** mairie, **2.** anniversaire, **3.** rouge, **4.** livret, **5.** pacs, **6.** nombreuse, **7.** nataliste, **8.** égalité. **Vertical :** Marianne.

❸ **a.** Le coq. **b.** Liberté, égalité, fraternité. **c.** 18 ans. **d.** 63 millions. **e.** 1re place.

❹ Le nombre de mariages diminue. La population française qui a beaucoup augmenté depuis 1990, va continuer à augmenter puis se stabiliser et même baisser un peu. La natalité française est la plus forte d'Europe.

❺ Maître. **b.** docteur. **c.** bises. **d.** Salut !

Bilan 2

❶ **a.** Paris, Strasbourg, Bordeaux, Dijon, Marseille, Grenoble, Lyon, Brest, Nice, Toulouse, Nantes, Tours. **b.** La Seine, la Loire, le Rhin, le Rhône, la Garonne. La Manche, l'océan Atlantique, la mer Méditerranée.

❷ **a.** 6 côtés. **b.** 551,602 km². **c.** 22 régions. **d.** 2,2 millions.

❸ **Horizontal :** Nouméa, café, Guyane, Guadeloupe, Ariane, Tahiti, Papeete, Seine. **Vertical :** La Loire, Kanak, Mayotte, Lyon, Wallis.

❹ Musée d'Orsay, Notre-Dame, place de la Concorde, la tour Eiffel, Montmartre.

Bilan 3

❶ **a.** oui. **b.** non. **c.** oui. **d.** oui. **e.** non.

❷ **a.** de moins en moins. **b.** de plus en plus. **c.** de moins en moins. **d.** un repas chaud. **e.** du lycée. **f.** un concours.

❸ petit déjeuner, déjeuner, goûter, dîner. **b.** Apéritif, entrée, plat, dessert, digestif. **c.** maternelle, école primaire, collège, lycée, université. Bac, licence, mastère, doctorat.

❹ Sans Domicile Fixe. **b.** Habitation à Loyer Modéré. **c.** Cours Élémentaire 1re année. **d.** Hautes Études Commerciales. **e.** Une classe préparatoire. **f.** Sciences Politiques.

❺ **a.** Oui, la bouillabaisse et la fondue. **b.** Parce que l'Église et l'État sont séparés. **c.** En automne, en septembre. **d.** Il permet aux étudiants de faire leurs études dans différents pays européens.

❻ **a.** Une colocation. **b.** une maison individuelle. **c.** Une HLM. **d.** Un hôtel. **e.** Un gîte rural.

❼ **a.** Terminale. **b.** Bac. **c.** Grande École. **d.** Erasmus. **e.** Laïcité.

❽ Cours Préparatoire (CP), Cours Elémentaire 1re année (CE1), Cours Elémentaire 2e année (CE 2) , Cours Moyen 1re année (CM1), Cours Moyen 2e année (CM2), Sixième (6e), Cinquième (5e), Quatrième (4e), Troisième (3e), Seconde (2nde), Première (1re), Terminale.

Bilan 4

❶ PME, CDD, CDI, SMIC, RTT.

❷ a1. b2. c2. d1. e3.

❸ **a.** vrai. **b.** vrai. **c.** faux. **d.** faux. **e.** vrai. **f.** faux. **g.** faux.

Bilan 5

❶ 1b, 2e, 3a, 4f, 5d, 6c, 7a.

❷ **a.** vrai. **b.** faux. **c.** vrai. **d.** faux. **e.** faux.

❸ **Quotidiens nationaux :** *Le Figaro, Libération, Le Monde.* **Quotidiens régionaux :** *Ouest-France, Le Parisien.* **Magazines d'actualité :** *Paris Match, L'Express, Le Nouvel Observateur.* **Autres magazines :** *Capital, Voici, Version Femina.*

❹ **a.** Radio Nostalgie – **b.** France Culture ou France Inter – **c.** France Inter ou France Info – **d.** NRJ, Skyrock. **e.** Radio libre.

❺ <u>aiment parler</u>, <u>n'hésitent pas</u>, <u>n'utilisent</u> <u>plus du tout</u>, <u>l'an 2000</u>. Les Français n'aiment pas parler de leur argent. C'est pourquoi ils hésitent à parler de leur salaire. Ils n'utilisent pas encore beaucoup les services des « banques en ligne » car ils préfèrent aller en personne aux guichets de leur banque habituelle. La moitié des Français paient leurs achats avec une carte bancaire et ils utilisent encore les chèques bancaires. La monnaie de la France est l'euro depuis 2002.

❻ **a.** REDEVANCE – **b.** RIB – **c.** ALTERNATIVE – **d.** ÉQUITABLE – **e.** MARCHÉ – **d.** HYPERMARCHÉ

❼ c. – g. – b. – a. – f. – e. – d.

Bilan 6

❶ bricoler, brocantes, chiner, jardin partagé, l'hippodrome, tiercé, casino.

❷ **a.** Le cinéma. **b.** Bénabar, Brassens. **c.** La Comédie-Française. **d.** Parce qu'il y a beaucoup de cinémas et qu'on y tourne beaucoup de films. **e.** *L'Équipe.* **f.** Les Jeux olympiques. **g.** Le Tour de France. **h.** Un tournoi de tennis international.

❸ **a.** Barrer : les sports d'équipes. **b.** la natation. **c.** Les 24 heures du Mans. **d.** à vélo. **e.** aussi nombreuses.

Bilan 7

❶ **a.** Une association loi de 1901. **b.** Revenu minimum d'insertion. Le surendettement c'est avoir trop de dettes et ne pas pouvoir rembourser ce qu'on doit. **c.** Aux personnes en difficulté sociale. **d.** Il propose de prêter un ordinateur à ces personnes. **e.** C'est la différence entre les personnes qui ont un ordinateur et celles qui n'ont pas d'ordinateur.

❷ a3, b5, c4, d1, e2.

❸ **a.** La Technoparade. **b.** La Fête de la musique. **c.** crêpes. **d.** chars. **e.** poissons en papier.

❹ **a.** Bison futé. **b.** La mer. **c.** Le Club Med. **d.** Le télétravail. **e.** Un cybercafé. **f.** Un blog.

N° d'éditeur : 10162858 - Août 2009
Imprimé en France par Clerc s.a.s.